中华人民共和国海船船员培训合格证考试培训教材

交通运输类"十四五"创新教材
符合《海船船员培训大纲（2021版）》
《海船船员考试大纲（2022版）》要求

KUAISU JIUZHUTING CAOZUO YU GUANLI

快速救助艇操作与管理

中国海事服务中心 组织编审

大连海事大学出版社
DALIAN MARITIME UNIVERSITY PRESS

Ⓒ 中国海事服务中心　2023

图书在版编目(CIP)数据

快速救助艇操作与管理／中国海事服务中心编.—大连：大连海事大学出版社,2023.6
中华人民共和国海船船员培训合格证考试培训教材
ISBN 978-7-5632-4381-5

Ⅰ.①快… Ⅱ.①中… Ⅲ.①救生艇-操作-技术培训-教材 Ⅳ.①U667.6

中国国家版本馆 CIP 数据核字(2023)第 066571 号

大连海事大学出版社出版

地址：大连市黄浦路523号　邮编：116026　电话：0411-84729665(营销部)　84729480(总编室)
http://press.dlmu.edu.cn　E-mail:dmupress@dlmu.edu.cn

大连天骄彩色印刷有限公司印装	大连海事大学出版社发行
2023年6月第1版	2023年6月第1次印刷
幅面尺寸:184 mm×260 mm　　印张:8	字数:185 千

出版人：刘明凯

责任编辑：张　冰	责任校对：刘宝龙
封面设计：解瑶瑶	版式设计：解瑶瑶

ISBN 978-7-5632-4381-5　　定价:45.00 元

中华人民共和国海船船员
培训合格证考试

■ 培训教材编审委员会

主　　任：孙玉清

委　　员：(按姓氏笔画排序)

　　　　　王　勇　刘正江　刘红明　吴丽华　吴宗保　赵友涛　施祝斌
　　　　　姚　杰　潘新祥

■ 审定委员会

主　　任：孙玉清

委　　员：(按姓氏笔画排序)

　　　　　王　捷　王平义　王明春　吕　明　刘锦辉　李忆星　李建国
　　　　　杨甲奇　肖亚明　张庆宇　张守波　陈晓琴　苗永臣　范　鑫
　　　　　周明顺　唐强荣　黄江昆　景向伟

编写委员会

主　　任：刘正江　赵友涛

执行主任：王　勇

副 主 任：（按姓氏笔画排序）

丁振国　万　红　马洪涛　王　琪　王　磊　王进博　王松明
王明雨　方　磊　邓志华　曲　涛　朱耀辉　刘月鹏　刘芳武
刘金华　刘宗朴　刘宪珍　许　亮　李　志　李　翼　李先强
李江华　李明阳　杨延存　杨志勇　杨神化　何　毅　何江华
闫金卫　汪益兵　张　洋　张玉波　张世峰　陈东水　邵国余
林叶锦　林杰民　周兆欣　郑学贵　赵丽君　赵宏革　俞万能
俞文胜　贾宝柱　徐　攀　徐立华　徐言民　徐得志　翁石光
唐　锋　黄党和　盛　君　盛进路　章文俊　隋江华　蒋更红
曾冬苟　黎冬楼　滕宪斌

委　　员：（按姓氏笔画排序）

王方金　王立军　王希行　王建军　卢艳民　田学军　田海涛
史　言　代　锐　冯海龙　邢博君　吕二广　吕建明　朱永强
刘　雨　刘长青　刘沁源　刘新亮　关长辉　江建华　许媛媛
杜　新　杜金印　李继凯　李道科　李富玺　杨　林　杨　栋
吴叶平　沈荣欣　张　竹　张　磊　张芳亮　张春阳　张选军
陆宝成　陈永利　陈依梁　陈福洲　武　斌　林　郁　罗宏富
金建元　宗永刚　赵志强　赵贵竹　郝振钧　胡贤民　姜广丰
聂　涛　奚　瑞　高世有　高增云　席建龙　黄兴旺　阎　义
葛　帆　蒋　龙　程　欣　温秀萍　裴景涛　熊正华　黎鹭丹
戴　武

前　言

《中华人民共和国海船船员培训合格证书签发管理办法》已于2019年修订并于2019年10月1日起施行。交通运输部2021年发布的《海船船员培训大纲(2021版)》,对海船船员培训合格证的适任要求,培训的理论知识、实践技能,评价标准及学时等作出了详细规定;中华人民共和国海事局根据《中华人民共和国海船船员适任考试和发证规则》和《海船船员培训大纲(2021版)》编制并发布的《海船船员考试大纲(2022版)》,对海船船员培训合格证理论考试大纲、实操评估大纲作出了详细规定。

为更好地实施高素质船员队伍建设,在新形势、新要求下推进并完善海船船员培训工作,增强海船船员的个人安全意识,进一步提升海船船员适任能力,中国海事服务中心组织具有丰富培训教学经验和航海实践经验的专家编写并审定了本套"中华人民共和国海船船员培训合格证考试培训教材"。

本套教材满足《1978年海员培训、发证和值班标准国际公约马尼拉修正案》《海船船员培训大纲(2021版)》和《海船船员考试大纲(2022版)》对海船船员培训合格证的各项要求,紧密结合我国有关船员职业培训的最新规定,知识点全面,图文并茂,易于学习、理解,可作为海船船员培训合格证培训用书,亦可作为船上人员解决工作中实际问题的工具书。

本套教材包括:

Z01	《基本安全——个人求生》
	《基本安全——防火与灭火》
	《基本安全——基本急救》
	《基本安全——个人安全与社会责任》
Z02	《救生艇筏和救助艇操作与管理》
Z03	《快速救助艇操作与管理》
Z04	《船舶高级消防》
Z05	《船舶精通急救》
Z06	《船上医护》
Z07、Z08	《船舶保安意识与职责》
Z09	《船舶保安员》
T01	《油船和化学品船货物操作(基本培训适用)》
T02	《油船货物操作(高级培训适用)》

(续表)

T03	《化学品船货物操作(高级培训适用)》
T04	《液化气船货物操作(基本培训适用)》
T05	《液化气船货物操作(高级培训适用)》
T06	《客船操作与管理》
T07	《大型船舶操纵》
T081、T082	《高速船操作与管理》
T09、T10	《船舶装载包装及散装固体危险和有害物质操作与管理》
T11、T12	《使用气体或其他低闪点燃料船舶操作与管理》
T13、T14	《极地水域船舶操作与管理》

在本套教材的编写、出版过程中,得到了各直属海事局、航海教育培训机构、航运企业及大连海事大学出版社等单位的大力支持,特致谢意。

中国海事服务中心

2022 年 10 月

 扫码学习《深入学习贯彻党的二十大精神　加快建设交通强国当好中国式现代化开路先锋》

编者的话

《快速救助艇操作与管理》依据《海船船员培训大纲(2021版)》和《海船船员考试大纲(2022版)》对海船船员培训合格证的各项要求，紧密结合我国有关船员职业培训的最新规定编写，适用于海船上所有船员Z03快速救助艇培训合格证的考试培训，也可作为船上人员解决工作中实际问题的工具书。

本书共分为六章：第一章为快速救助艇基本常识；第二章为快速救助艇的降落和回收；第三章为扶正倾覆的快速救助艇；第四章为快速救助艇的操纵；第五章为利用快速救助艇搜寻和救助；第六章为快速救助艇的维护和保养。

本书由刘锦程、贾京凯、高增云、李振宝、田彪担任主编，欧阳江萍、金建元担任主审，王安敏、郭睿参与了本书的编写。全书由刘锦程统稿。

本书的编写得到了单浩明、殷瀚、金奎光、戴树龙、高海龙、王岩和陈馨等老师的鼎力帮助，在此表示衷心的感谢。

航海类培训教材的编写需要注重理论联系实际。因此，开发建设质量高、资源丰富、适应现代化航运发展的立体化教材是非常必要的。本书在编写过程中，立足于船舶生产实践，借助最新的虚拟现实理论、多媒体技术等，配套开发了仿真设备操作、二/三维动画、视频、AR资源、教学课件等，同时提供多媒体、三维漫游以及三维实操等训练方式，旨在打造国内首套融合文本、VR、AR、视频、音频、动画、线上资源、仿真训练等多种资源于一体的海船船员培训合格证立体化教材，将课堂理论教学与实训实习等环节有机结合起来，丰富了教学内容。本书的立体化教学资源开发，得到了中国海事服务中心王希行船长、大连海事大学任鸿翔教授和段雅婷博士、福建船政交通职业学院李翼副教授和张明船长等的鼎力帮助，在此表示衷心的感谢。

需要说明的是，本书中每一个立体化教学资源均对应一个二维码，读者可以采用微信扫码的方式来使用资源(本书 书 码，需要刮丌封底二维码涂膜，微信扫描并注册成功后方可使用)，也可以PC端登录http://www.vrship.vip网站获得更好的交互体验(首次访问网站时，需要刮开封底的验证码涂膜，在网站登录界面上输入8位验证码，注册成功后方可使用)。

航海科技日新月异，相关国际公约、各国法律法规、行业标准和规定也在不断进步和完善，本书未尽之处请广大同人和读者批评斧正。

编者

2022年10月

目 录

第一章 快速救助艇基本常识 1
    第一节 快速救助艇的类型和构造 1
    第二节 快速救助艇的推进装置 7
    第三节 快速救助艇的操舵装置 21
    第四节 快速救助艇的配备及属具和备品 23

第二章 快速救助艇的降落和回收 26
    第一节 快速救助艇的降落设备 26
    第二节 降落快速救助艇 33
    第三节 回收快速救助艇 36
    第四节 收放快速救助艇的安全措施 37

第三章 扶正倾覆的快速救助艇 38
    第一节 倾覆的快速救助艇 38
    第二节 扶正快速救助艇 40

第四章 快速救助艇的操纵 44
    第一节 操艇的基础知识 44
    第二节 操纵快速救助艇 50
    第三节 航行及安全设备 64

第五章 利用快速救助艇搜寻和救助 69
    第一节 海上搜寻 69
    第二节 海上救助 75
    第三节 拖带救生艇、筏 91

第六章 快速救助艇的维护和保养 97
    第一节 快速救助艇的检查和保养 97
    第二节 快速救助艇发动机的维护和保养 101
    第三节 快速救助艇发动机常见故障及应急处理 104
    第四节 充气护舷的维护保养 107

参考文献 117

第一章
快速救助艇基本常识

第一节
快速救助艇的类型和构造

一、快速救助艇

普通商船因干舷高及操纵性能方面的限制,在救助水中人员时常面临一些实际困难。此时如果使用干舷低、操纵性能好的救助艇会取得更好的救助效果。SOLAS 公约的第三章"救生设备和装置"中的第三条第十九款明确指出:救助艇系指为救助遇险人员及集结救生艇、筏而设计的艇。救助艇在救助落水人员等方面具有明显优势,它也是船上重要的救生设备。快速救助艇是在普通救助艇的基础上发展而来的一种救生设备。SOLAS 公约和《国际救生设备规则》(简称 LSA Code)规定了快速救助艇的技术指标,但二者均没有明确给出快速救助艇的定义。实际上,一艘典型的快速救助艇通常需要 3 名艇员相互配合才能完成搜索和救助任务。这种艇的长度超过 6 m,宽度约为 2.5 m,最多可以搭载 15 名乘员。其能在平静水域载有 3 名乘员的情况下,以至少 20 kn 的航速航行,以及在载足全部乘员与属具时,以至少 8 kn 的航速航行不少于 4 h。充气式快速救助艇的满载重量约为 750 kg,在平静水中航速可达 30 kn。

事实上,快速救助艇(Fast rescue boat,简称 FRB)的概念源于人们对艇和艇员有能力在各种情况下救助水中人员的需求,它包含迅速移动和作为船舶救生设备的双层涵义。与普通救助艇一样,快速救助艇用于集结救生艇和救生筏;拖带救生艇、救生筏和其他救助艇。另外,快速救助艇还可用于搜索、寻位、搭救和运送水中遇险人员等方面。

值得注意的是快速救助艇可用于实现快速救助海上遇险人员,但是"快速救助"不应单纯理解为高速度航行,"快速"是指救助的全部过程应迅速、科学和高效。

二、快速救助艇的显著特点

1. 操纵性能

快速救助艇作为一种可用于在恶劣天气情况下操作的救生设备,它在恶劣海况下的操纵性能至关重要。为获得良好的操纵性能,快速救助艇在艇体结构和发动机功率等方面较普通的救助艇或救生艇有很大差别,具备很高的推重比及更好的机动性和操纵性。例如,小型快速救助艇通常以舷外机作为动力装置;大型的及最新设计的快速救助艇则更趋向于使用由紧凑型高速柴油机和喷射泵组成的喷水推进装置。

2. 航态变化

救生艇和普通救助艇属于排水式艇,即其排开水的重量和艇自身重量相等。在航行期间,这类艇的排水量始终与其自重相等,其航行状态与静态漂浮时几乎没有明显差别,然而快速救助艇特别是滑行艇与普通排水艇有着较大差别。实验表明:快速救助艇在航行过程中,艇体各部位的吃水较静态时发生显著变化,艇的航态变化情况可分为三个阶段:

第一阶段:排水航行阶段。因初始航速较低,其航行状态与普通的排水艇相似,艇体各部位的吃水变化不大,通常艇首下沉量略大一些,整体表现为艇体有少量的平行下沉并略有首倾。

第二阶段:过渡阶段。在此阶段随着航速提高,航态出现明显变化,艇首由原来的下沉趋于上抬,而艇体重心也逐渐随之上升,艇尾却继续下沉得更甚。因而,在这个阶段中整个艇体由第一阶段的"略显首倾"转变为尾倾,且随着航速的提高,尾倾程度不断增大。

第三阶段:滑行阶段。在此阶段随着航速的提高,艇首上抬的趋势不但不再增大,反而渐趋减小,因此,艇体表现出纵倾减小,整个艇体近乎被托在水面滑行前进,见图1-1。

图1-1 滑行中的快速救助艇

3. 降落性能

在恶劣天气、海况条件下降落快速救助艇,要求艇的降落装置和器材必须具备较高的安全标准和良好的性能,快速救助艇普遍采用的单点降落装置恰好满足这些要求。另外,快速救助艇的降落装置上设有张力自行调节装置,可以有效缓解快速救助艇接触水面后海浪对它产生的冲击力量,使得艇的降落更加平稳安全。

此外,普通救助艇与快速救助艇之间的区别还在于:后者可以以 20 kn 的航速航行 4 h,而且一旦快速救助艇在恶劣天气下倾覆,可以自行扶正或者仅需两名经过专门训练的船员即可扶正。通常一艘柴油机驱动的普通救助艇还可以兼作救生艇,而快速救助艇则不能用作救生艇。因此,若以快速救助艇取代普通救助艇而导致救生设备的容量不足,则必须用救生筏弥补。

三、快速救助艇的类型

快速救助艇的结构比较复杂,种类也比较多。

1. 按材料分类

(1)刚性快速救助艇(Rigid fast rescue boat)

刚性快速救助艇是由刚性材料制成的快速救助艇。刚性材料包括玻璃纤维增强塑料和铝合金等,尤以玻璃纤维增强塑料(Glass fiber reinforced plastic,简称 GFRP)材料制成的快速救助艇最为常见,如图 1-2 所示。其特点:具有更稳定的操作平台,能搭载更多设备。因没有舷侧浮力胎,刚性艇通常能提供更多甲板空间,特殊的设计使其航行速度更快,操作简单易学。其不利方面是自重较大,通常价格更高,维修更困难、费用更高。

图 1-2　刚性快速救助艇

(2)充气式快速救助艇(Inflated fast rescue boat)

充气式快速救助艇是由特殊的橡胶材料制成若干个体积大致相等的独立浮力室组成的,并且配备舷外发动机的快速救助艇。其特点:具备良好的稳性和漂浮性能,具有较大的承载能力,重量小,维修快捷方便。其不利方面是舷侧浮力胎有可能被刺穿。因重量小,它更容易受到风的影响,因此操作人员只有在接受更多训练后才能熟练操作此类艇。

(3)刚性艇体充气式快速救助艇(Rigid hull inflatable fast rescue boat)

这是在充气式快速救助艇的基础上发展起来的一种轻型高性能快速救助艇。这种艇体中既有刚性材料,又有柔性材料,因此,它也被称作刚性与充气混合结构的快速救助艇或刚性艇体充气式快速救助艇,如图 1-3 所示。其特点:刚性材料制成的艇体可以提高快速救助艇的强度,艇体上面是用特殊橡胶材料制成的软质充气护舷。这种软质充气护舷不但能提供更大浮力、增加艇的承载能力,而且还可通过一定弹性变形有效缓冲外力冲击保护艇体。即使软质充气护舷破损,也容易进行快速修补。另外,这种艇高速行驶时平顺稳定,人员容易掌握其操作方法。其不利方面是相对同尺寸充气式艇,它的自重更大,价格普遍偏高,维修更困难、费用更高。因装有粗大的舷侧浮力胎,所以艇更易受到风等不利外界因素的影响。

图1-3 刚性艇体充气式快速救助艇

2. 按推进方式分类

(1) 以螺旋桨(Propeller)推进的快速救助艇

这类快速救助艇与许多船艇推进方式一样,在内置(Inboard)或外置(Outboard)发动机的驱动下,转动螺旋桨推水向后或向前,使得艇产生前进或者后退的动力。外置发动机(舷外机)的优势在于更换和维护方便,节省艇内空间。内置发动机(艇内机)则完全固定在艇上,维护和更换相对困难。另外对于水中遇险人员而言,裸露于水中高速旋转的螺旋桨是非常危险的,因此有必要在桨叶外围安装螺旋桨保护装置,不仅可以保护水中人员,还可防止螺旋桨遭到损坏。

(2) 以喷水(Water jet)方式推进的快速救助艇

这种艇在发动机驱动下将水从艇底吸入喷射装置内加压,然后再高速将水从艇尾排出,如图1-4所示。在喷水装置高速喷出水流的同时,在其相反的方向产生了同样的力。这个力作用在与喷射装置相连的艇体上,使救助艇前进。

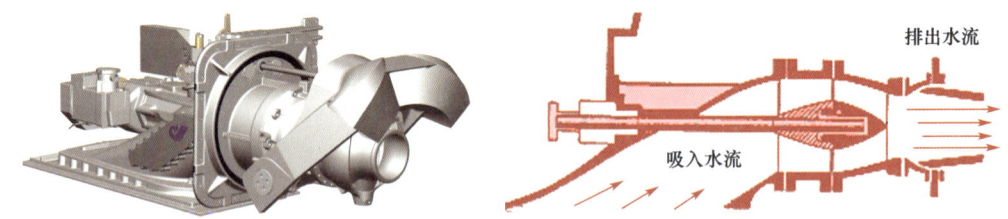

图1-4 喷水推进器

与螺旋桨/轴系这一传统的推进方式相比,喷水推进具有推进效率高、抗空泡性强、操控灵活和航行舒适安静等特点。由于没有外露的螺旋桨,喷水推进的救助艇对水中遇险人员更安全。但大浪或顺浪会对喷水推进的救助艇产生不利影响。如果叶轮缠绕,要比普通螺旋桨清理起来更费劲。

3. 按艇机使用的燃料类型分类

按艇机使用的燃料类型分类,有以汽油机为动力的快速救助艇和以柴油机为动力的快速救助艇。

无论是汽油发动机还是柴油发动机,它们都属于内燃机,都是燃烧燃料后通过推动气缸内活塞做往返运动将燃料中的化学能量转换为驱动船艇前进的机械能量。因此两者的工作原理大体是相同的,它们的区别主要在于压缩比、点火方式、所用燃料及用途等方面。

四、快速救助艇的构造

1. 艇体

刚性快速救助艇及混合结构快速救助艇的刚性艇体部分主要是采用阻燃型玻璃纤维增强塑料、手糊工艺成型建造的。艇体分为内、外两层壳体,中间填充了大量聚氨酯泡沫,不仅能提供足够的浮力,还能提高艇体强度和抗沉性能。如果在水线面下的艇体有损坏,浮体仍可提供足够的浮力使艇在安全水平面上漂浮。

为提高在水中的性能,快速救助艇艇体外形经过特殊设计和优化处理使其具有水面滑行特征。艇体横剖面呈深 V 形或带折角的深 V 形,以利于提高水动力性能。V 形艇体构造可以将暴露于水流表面的艇底板处于最佳位置,有利于对处于滑行状态的艇体产生较大的升力,可有效减少艇体浸入水中的表面积,降低艇体摩擦阻力,进而提高救助艇的航行速度。此外,深 V 形艇体发生的纵摇较小,垂向加速度较低,顺浪航行时显著减小了首摇,因而具有非常好的航向稳定性。

为减轻艇首在波涛中的严重拍击现象,同时尽可能改善艇体后段的水动力性能,艇体前段横剖面,特别是艇首部的艇底的斜升角很大,而向艇尾部方向迅速减小。艇的舭部呈折角尖舭形状,底部横向斜升角不小于 20°,横剖线呈直线或近乎直线,如图 1-5 所示。横剖面底部斜升角设计成不变或近乎不变,通过增加尾板附近的沉深和横剖面积以利于艇在水面稳定滑行。艇体形状简单,便于建造和操控。

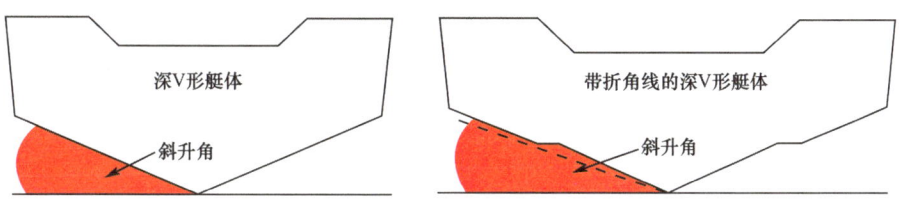

图 1-5 深 V 形艇体横剖面

2. 充气护舷

混合结构快速救助艇在其艇首和艇缘处装有 V 形软质充气护舷,并通过机械或其他方式与艇体及甲板结构相连。软质护舷是采用多层特殊材料制成的,其外层是氯磺化聚乙烯橡胶,也称作海帕伦(Hypalon),中间是尼龙或聚酯,内层是氯丁橡胶,如图 1-6 所示。海帕伦具有抗龟裂,耐磨,并耐气候,耐紫外线/臭氧,耐热,耐化学药品等多种优良品质。它容易染色且色泽稳定,吸水率低,使得它的应用范围极其广泛。海帕伦涂层布经久耐用,是制作混合结构救助艇护舷的最理想材料。

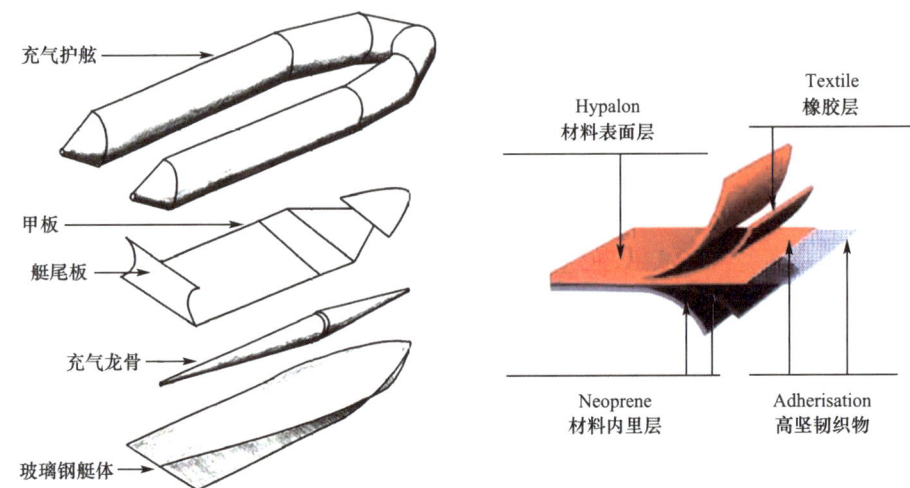

图 1-6　混合结构快速救助艇主体结构和材料

充气护舷的横剖面为圆形,其内部空间被分隔成多个独立气室。通常,小型艇有三个气室,而大型艇则有五个气室。每个气室都有独立的充气阀和安全阀(减压阀),每个阀都有阀盖,如图 1-7 所示。安全阀在温度发生变化或充气过量时起到调节和保护作用:当外界温度升高时,安全阀可以自动开启,排出一部分气体,以维持护舷的正常工作压力;当外界温度降低时,可以通过充气装置进行补气。有的充气护舷的气室内还装有起到调节作用的旁通阀,它们既可使所有气室连通,也可使各个气室保持相对独立,而且用一个旁通阀就能对整个护舷充气。另外,利用旁通阀隔断受损气室可保护整个护舷。此外,充气护舷可以增加小艇侧翻时的抗倾覆力矩,使得救助艇不易发生倾覆;柔性护舷还可保护落水人员免受伤害,亦可保护救助艇在碰撞时不受损坏,特别适用于在风浪中作业。

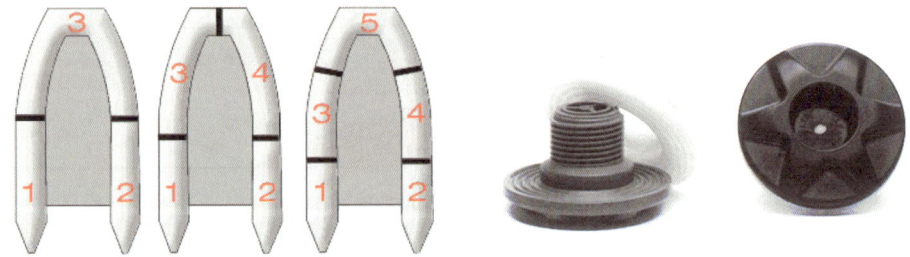

图 1-7　充气护舷的分隔舱示意图和充排气阀

3. 护舷材

刚性快速救助艇的艇体外表面有一圈用闭孔聚乙烯泡沫材料制成的护舷材,其外面包裹一层耐磨的弹性材料。混合结构快速救助艇的护舷外侧粘贴有用黑色橡胶材料制成的防擦条,可以更加有效地降低充气护舷因外界冲击而受到的损伤。

4. 甲板和座位

艇内甲板表面及乘员座位表面均采用防滑面设计,确保艇内人员在移动时不致滑倒。为便于自动排水或快速清除积水,艇尾部装有单向自动排水装置,可以利用在航行时小艇自身产生的倾角,将甲板积水排出艇外,同时亦能防止海水倒灌入艇内。另外艇内通常装有手摇泵,用于以人工方式排除舱内积水。

5. 操纵控制台

在艇中附近装有一个用玻璃纤维增强塑料材料制成的操纵控制台,上面安装了舵轮、发动机转速和挡位操纵手柄、主机仪表板、电源开关、艇内灯具开关、高频电话、罗经等仪器设备。

6. 扶正装置

有的艇尾装有刚性或气胀式自扶正装置,艇在遭遇大的风浪造成倾覆时,也可依靠该装置自行恢复到正浮状态。

7. 推进装置

在快速救助艇艇尾安装有推进装置。快速救助艇的推进装置主要有下列几种形式:

(1)二冲程或四冲程的舷外机

(2)艇内柴油机

艇内柴油机可以分别与下列推进装置结合,构成快速救助艇的推进系统:

①螺旋桨推进装置(Propeller propulsion);

②喷水推进装置(Water jet propulsion)。

刚性艇体充气式快速救助艇的主要结构,如图1-8所示。

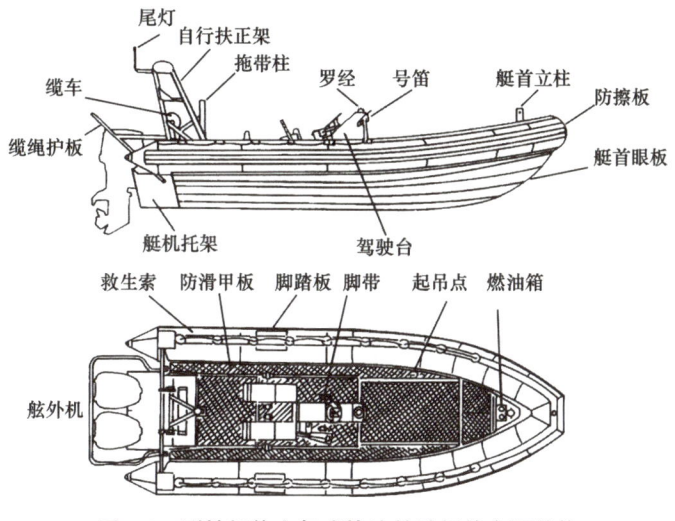

图1-8 刚性艇体充气式快速救助艇的主要结构

第二节
快速救助艇的推进装置

快速救助艇的推进装置主要由发动机、推进器及控制装置和传动装置组成。发动机是指借助工质的状态变化将燃料燃烧产生的热能转变为机械能的机器,是推动救助艇航行所需动力的来源。快速救助艇所使用的往复活塞式内燃机主要分为汽油机和柴油机两类;以汽油和柴油为燃料的活塞式内燃机分别称作汽油机和柴油机。推进器是指船艇推进装置中的能量变化器。它将发动机产生的动力转变成船艇行进的推力,以克服船艇在水中航行的阻力,推动船艇的行进。最常见的是螺旋桨喷水推进器。传动装置是将发动机的运动和动力传给工作机构的中间装置。

一、发动机

1. 基本结构

往复活塞式内燃机的工作腔称作气缸,气缸内表面为圆柱形。在气缸内做往复运动的活塞通过活塞销与连杆的一端铰接,连杆的另一端则与曲轴相连,构成曲柄连杆机构。因此,当活塞在气缸内做往复运动时,连杆便推动曲轴旋转。同时,工作腔的容积也在不断地由最小变到最大,再由最大变到最小,如此循环不已。气缸的顶端用气缸盖封闭,在气缸盖上装有进气门和排气门,进、排气门是头朝下、尾朝上,倒挂在气缸顶端的。通过进、排门的开闭实现向气缸内充气和向气缸外排气。进、排气门的开闭由凸轮轴控制。凸轮轴由曲轴通过齿形带、链条或齿轮驱动。构成气缸的零件称作气缸体,支撑曲轴的零件称作曲轴箱,气缸体与曲轴箱的连铸体称作机体。往复活塞式单缸汽油机的基本结构,如图1-9所示。

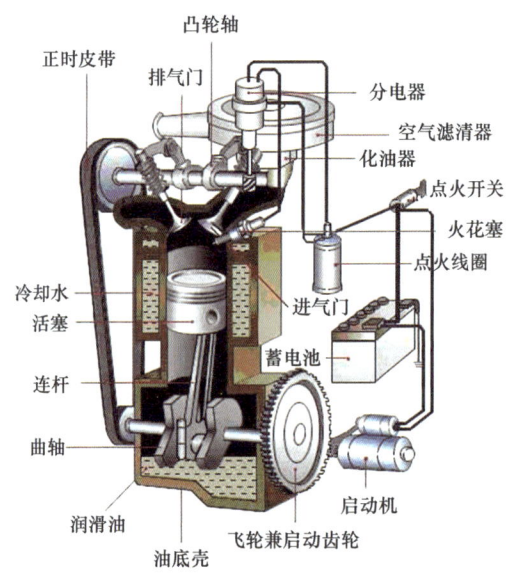

图1-9 往复活塞式单缸汽油机的基本结构

2. 基本术语

(1)工作循环

活塞式内燃机的工作循环是由进气、压缩、做功和排气等四个工作循环组成的封闭过程。周而复始地进行这些过程,内燃机才能持续地做功。

(2)上、下止点

活塞顶离曲轴回转中心最远处为上止点;活塞顶离曲轴回转中心最近处为下止点。在上、下止点处,活塞的运动速度为零。发动机基本术语如图1-10所示。

(3)活塞行程

上、下止点间的距离 S 称作活塞行程。曲轴的回转半径 R 称作曲柄半径。显然,曲轴每回转一周,活塞移动两个活塞行程。对于气缸中心线通过曲轴回转中心的内燃机,其 $S=2R$。

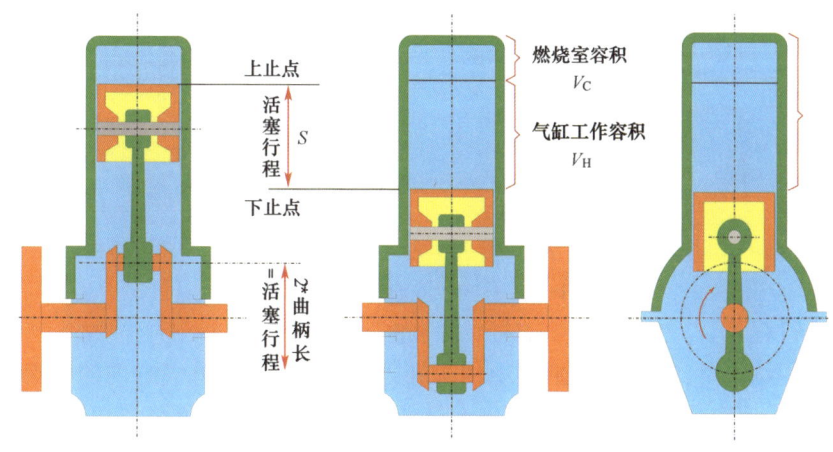

图 1-10　发动机基本术语

（4）气缸工作容积

上、下止点间的气缸容积称作气缸工作容积。

（5）内燃机排量

内燃机所有气缸工作容积的总和称作内燃机排量。

（6）燃烧室容积

活塞位于上止点时,活塞顶面以上、气缸盖底面以下所形成的空间称作燃烧室,其容积称作燃烧室容积,也叫压缩容积。

（7）气缸总容积

气缸工作容积与燃烧室容积之和称作气缸总容积。

（8）压缩比

气缸总容积与燃烧室容积之比称作压缩比。压缩比的大小表示活塞由下止点运动到上止点时,气缸内的气体被压缩的程度。压缩比越大,压缩终了时气缸内的气体压力和温度就越高。

3. 基本工作原理

（1）四冲程汽油机工作原理

四冲程往复活塞式内燃机,在四个活塞行程内完成进气、压缩、做功和排气四个过程,即在一个活塞行程内只进行一个过程。活塞行程也因此分别以四个过程命名,如图 1-11 所示。

① 进气行程

活塞在曲轴的带动下由上止点移至下止点。此时排气门关闭,进气门开启。在活塞移动过程中,气缸容积逐渐增大,气缸内形成一定的真空度。空气和汽油的混合物通过进气门被吸入气缸,并在气缸内进一步混合形成可燃混合气。

② 压缩行程

进气行程结束后,曲轴继续带动活塞由下止点移至上止点。这时,进、排气门均关闭。随着活塞的移动,气缸容积不断减小,气缸内的混合气被压缩,其压力和温度同时提高。

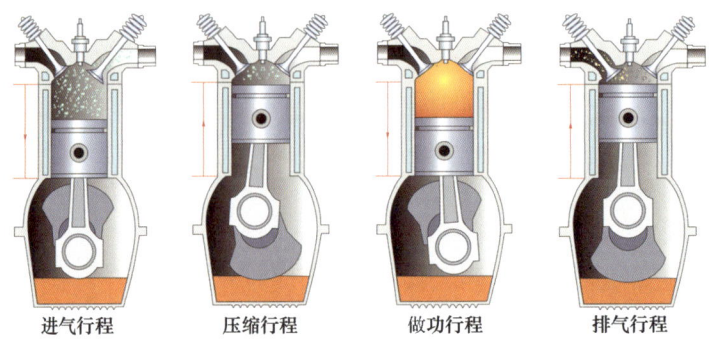

图 1-11 四冲程汽油机工作示意图

③做功行程

压缩行程结束时,安装在气缸盖上的火花塞产生电火花,将气缸内的可燃混合气点燃,火焰迅速传遍整个燃烧室,同时放出大量的热能。燃烧气体的体积急剧膨胀,压力和温度迅速升高。在气体压力的作用下,活塞由上止点移至下止点,并通过连杆推动曲轴旋转做功。这时,进、排气门仍然关闭。

④排气行程

排气行程开始,排气门开启,进气门仍然关闭,曲轴通过连杆带动活塞由下止点移至上止点,此时膨胀过后的燃烧气体在其自身剩余压力和活塞的推动下,经排气门排出气缸之外。当活塞到达上止点时,排气行程结束,排气门关闭。

(2)四冲程柴油机工作原理

四冲程柴油机的工作循环也包括进气、压缩、做功和排气等四个过程,在活塞的各行程中,进、排气门的开闭和曲轴连杆机构的运动与汽油机完全相同。只是由于柴油和汽油的使用性能不同,柴油机和汽油机在混合气形成方法及着火方式上有着根本的差别。

①进气行程

在柴油机进气行程中,被吸入气缸的只是纯净的空气。

②压缩行程

因为柴油机的压缩比大,所以压缩行程终了时气体压力高。

③做功行程

在压缩行程结束时,喷油泵将柴油泵入喷油器,并通过喷油器喷入燃烧室。因为喷油压力很高,喷油直径很小,所以喷出的柴油呈细雾状。细微的油滴在炽热的空气中迅速蒸发汽化,并借助于空气的运动,迅速与空气混合形成可燃混合气。由于气缸内的温度远高于柴油的自燃点,因此柴油随即自行着火燃烧。燃烧气体的压力、温度迅速升高,体积急剧膨胀。在气体压力的作用下,活塞推动连杆,连杆推动曲轴旋转做功。

④排气行程

排气行程开始,排气门开启,进气门仍然关闭,燃烧后的废气排出气缸。

(3)二冲程汽油机工作原理

二冲程汽油机的工作循环是在两个活塞行程即曲轴旋转一周的时间内完成的,如图1-12 所示。在四冲程汽油机中,常把排气过程和进气过程合称为换气过程。在二冲程汽油机中换气过程是指废气从气缸内被新气扫除并取代的过程。这两种汽油机工作循环的不同之处主要在于换气过程。

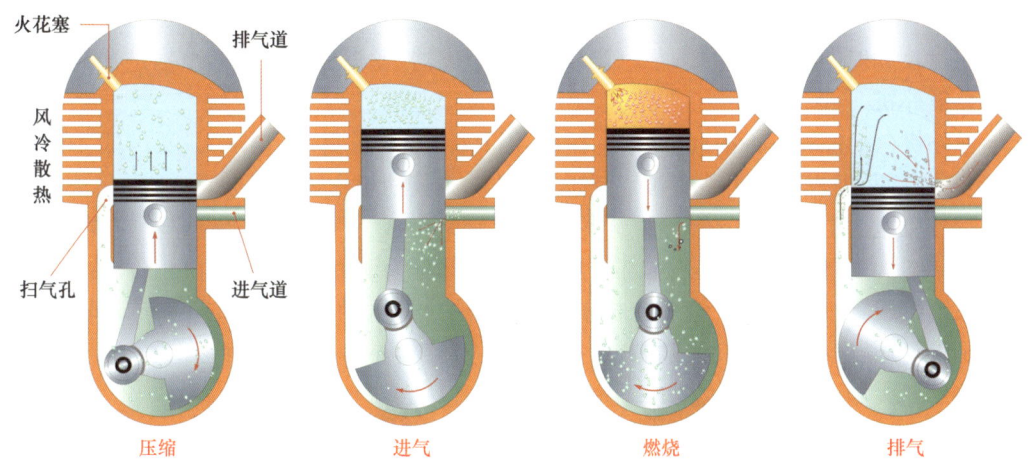

图 1-12　二冲程汽油机工作示意图

第一行程,活塞在曲轴带动下由下止点移至上止点。

当活塞还处于下止点时,进气孔被活塞关闭,排气孔和扫气孔开启。这时曲轴箱内的可燃混合气经扫气孔进入气缸,扫除其中的废气。随着活塞向上止点运动,活塞头部首先将扫气孔关闭,扫气终止。但此时排气孔尚未关闭,仍有部分废气和可燃混合气经排气孔继续排出,称其为额外排气。当活塞将排气孔也关闭之后,气缸内的可燃混合气开始被压缩。直至活塞到达上止点,压缩过程结束。

第二行程,活塞由上止点移至下止点。

在压缩行程结束时,火花塞产生电火花,将气缸内的可燃混合气点燃,燃烧气体膨胀做功。此时排气孔和扫气孔均被活塞关闭,唯有进气孔仍然开启。空气和汽油经进气孔继续流入曲轴箱,直至活塞裙部将进气孔关闭为止。随着活塞继续向下止点运动,曲轴箱容积不断缩小,其中的混合气被预压缩。此后,活塞头部先将排气孔开启,膨胀后的燃烧气体已成废气,经排气孔排出。至此,做功过程结束,开始先期排气。随后活塞又将扫气孔开启,经过预压缩的可燃混合气从曲轴箱经扫气孔进入气缸,扫除其中的废气,开始扫气过程。这一过程将持续到下一个活塞行程中扫气孔被关闭时为止。

(4)二冲程柴油机工作原理

第一行程,活塞在曲轴带动下由下止点移至上止点。

当活塞还处于下止点时,进气孔和排气门均已开启。扫气泵将纯净的空气增压到 0.12~0.14 MPa 后,经空气室和进气孔送入气缸,扫除其中的废气。废气经气缸顶部的排气门排出。在活塞上移将进气孔关闭的同时,排气门也关闭,进入气缸内的空气开始被压缩。活塞运动至上止点,压缩过程结束。

第二行程,活塞由上止点移至下止点。

当压缩行程结束时,高压柴油经喷油器喷入气缸,并自行着火燃烧。高温高压的燃烧气体推动活塞做功。当活塞下移 2/3 行程时,排气门开启,废气经排气门排出。活塞继续下移,进气孔开启,来自扫气泵的空气经进气孔进入气缸进行扫气。扫气过程将持续到活塞上移时将进气孔关闭为止。

二、推进器

快速救助艇的推进器主要是螺旋桨和喷水推进器,尤以舷外机和喷水推进器最常见。

1. 舷外机

舷外机(Outboard motor)也称作尾挂机,因其体积小、重量小、功率大、噪声低、结构简单且安装方便,而作为动力装置被广泛选用,是快速救助艇主要推进装置之一。

舷外机主要由汽油机、传动轴、齿轮箱和螺旋桨组成,并通过托架或螺丝安装在艇尾板上。从结构上看,舷外机由三个部分组成:上面部分为动力单元,由气缸组件、冷却和点火等系统组成;中部为轴室,内有冷却系统的水泵、冷却水的通道、排气管和传动轴;下面部分是齿轮箱,由减速齿轮、换向齿轮、推进轴及螺旋桨等部件构成,如图 1-13 所示。

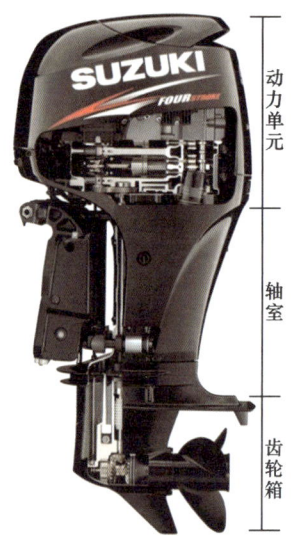

图 1-13 舷外机及其结构

舷外机不但可以产生动力,改变艇的运动状态,而且其可以向左或向右旋转产生舵力,使艇向左或向右改变方向。特殊安装方式使得舷外机可以倒向艇内,将螺旋桨抬离水面。

(1) 舷外机的组成

舷外机按操纵控制形式分为:手柄控制(便携)型舷外机和遥控型舷外机。其组成部分如图 1-14 和图 1-15 所示。

倾斜角度调整杆(Trim angle adjusting rod):利用它可以调节艇机倾斜角,从而改变艇只的纵倾角。

阻气板(Anti-cavitation plate,或称作防涡凹挡板):此板位于螺旋桨上方,可以防止空泡现象。

托架夹紧螺丝(Transom-clamp):用于将舷外机安装在艇尾板上。

排气口(Exhaust relief):用于排出发动机产生的废气。

燃油管接头(Fuel joint):油路与艇机的连接部件。

燃油管(Fuel hose):连接油箱和艇机软管。

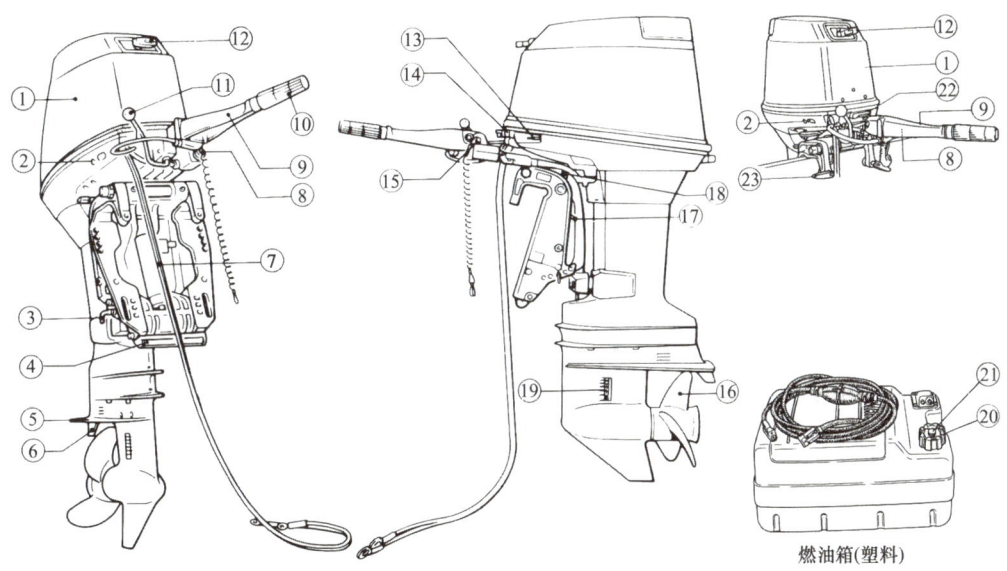

图 1-14　手柄控制型舷外机

①—顶罩;②—过热报警灯;③—倾斜角调整杆;④—阳极;⑤—阻气板;⑥—偏航调整片;⑦—蓄电池导线;
⑧—主开关;⑨—操舵手柄;⑩—油门手柄;⑪—挡位手柄;⑫—启动绳拉手;⑬—燃油管接头;
⑭—阻气门按钮;⑮—熄火开关;⑯—螺旋桨;⑰—倾斜定位销;⑱—倾斜支撑杆;
⑲—冷却水入口;⑳—燃油箱盖;㉑—通气螺丝;㉒—顶罩锁杆;㉓—尾板夹具手柄

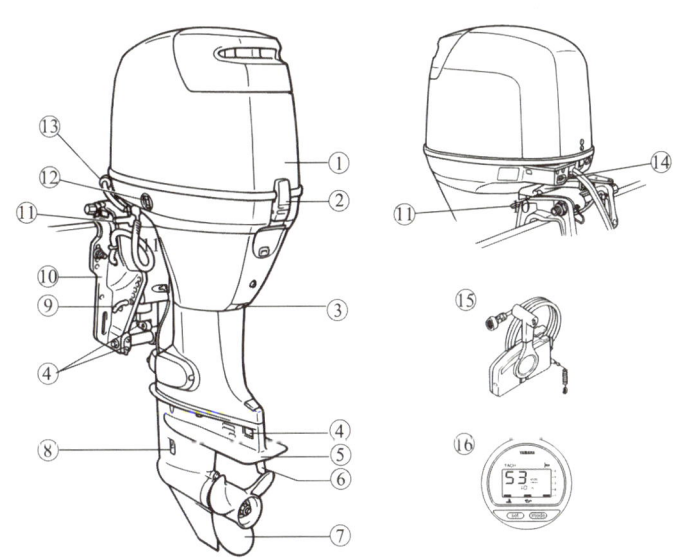

图 1-15　遥控型舷外机

①—顶罩;②—倾斜支撑杆;③—燃油管接头;④—阻气板;⑤—偏航调整片;⑥—螺旋桨;⑦—冷却水入口;⑧—蓄电池导线;
⑨—阳极;⑩—阻气门按钮;⑪—顶罩锁杆;⑫—遥控盒;⑬—遥控钢丝;⑭—燃油箱;⑮—纵倾角度指示表;⑯—转速表

艇机支架(Motor rest):位于艇机上面的支架或突出物。当从艇上拆下艇机时,它用于存放艇机。

艇机尾轴(Motor shaft):艇机下面发动机部分,结束于螺旋桨部位。

手动输油泵(Primer bulb):燃油管路上的球状物体,用于将燃油从油箱泵出,喷送到化油器供启动之用。

尾轴控制杆(Shaft lever):离合器齿轮正向、空挡、逆向选择杆。

偏航调整片(Trim tab,或称作导流尾鳍):调整航向稳定性能,保护螺旋桨。

操舵手柄(Tiller handle):操舵和油门控制手柄。

艇尾托架(Stern brackets):将艇机安放在艇尾板上的支架。

倾斜手柄(Tilt grip):位于艇机顶罩上的把手,用于向前方倾斜发动机。

倾斜定位销(Tilt lock lever):用于发动机倾斜或定位的销子。

油门手柄(Twist grip throttle):位于操舵手柄末端可活动部分,可以控制发动机的转速。

水泵指示口(Tell-tale):稳定排出冷却水的出水口,可以显示冷却系统的工作状况。

纵倾角度指示表(Trim meter):指示当前舷外机的纵倾角度。

转速表(Tachometer):显示发动机的转速情况。

拉索制动开关(Engine stop switch,或称作应急熄火开关):此开关用于保护操艇人员安全。

(2)舷外机的工作原理

快速救助艇的舷外机主要是二冲程汽油机,也有一些大型快速救助艇装备了四冲程发动机。

舷外机工作原理示意图,如图1-16所示。

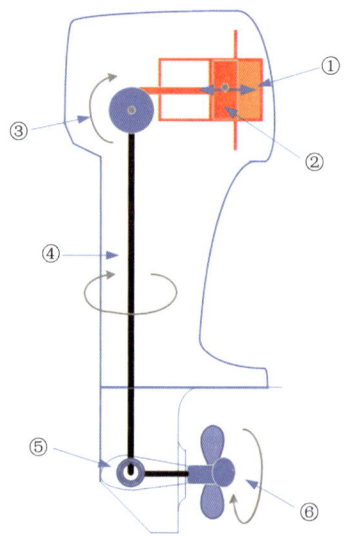

图1-16 舷外机工作原理示意图

①—燃料在气缸内燃烧做功;②—燃料燃烧做功使得活塞在气缸内前后移动做功;③—活塞连杆带动曲轴旋转;④—曲轴带动发动机细长的主传动轴转动;⑤—位于主传动轴齿轮箱下端的小齿轮将主传动轴的垂直方向的转动转换为水平方向的转动;⑥—螺旋桨在水平方向旋转的齿轮及尾轴的带动下推艇前进或后退

(3)舷外机的主要系统

每一台艇外发动机都是由一些通过复杂动作产生驱动快速救助艇动力的系统组成的,舷外机系统包括:

①点火系统

蓄电池的 6~12 V 电流经转换成为瞬间高压电流跳过电极的间隙而产生火花,点燃气缸内混合油气,使发动机工作,见图 1-17。

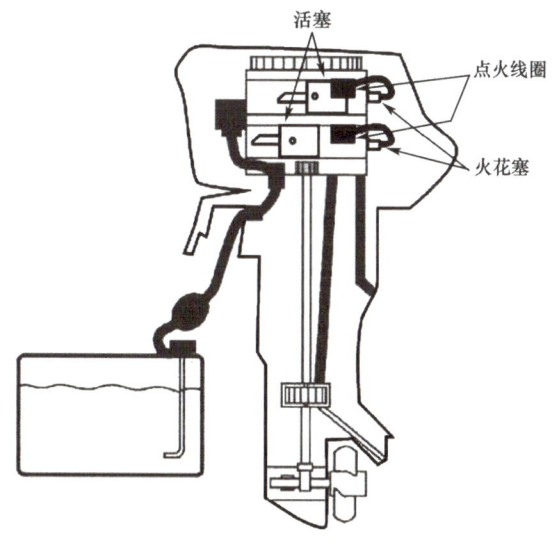

图 1-17　舷外机点火系统

②冷却系统

舷外机冷却系统的作用是对在高温条件下工作的机件给以适当冷却,以保证发动机在适宜温度下正常工作,延长机体寿命。发动机装有恒温器,通过其内部的循环水或旁路使其达到运转适宜温度,从而使发动机保持最佳温度。艇外发动机通常采用水冷却,水通过进水口和位于机体下面的水泵进入系统。水通过发动机内冷却腔,最后经排水口排出。多数舷外机的冷却系统都是通过单独的排水口排出冷却水的,并由此可以显示出经过冷却系统的水的循环情况,如图 1-18 所示。有的舷外机的排水口和冷却水指示口是各自独立、分开布置的。

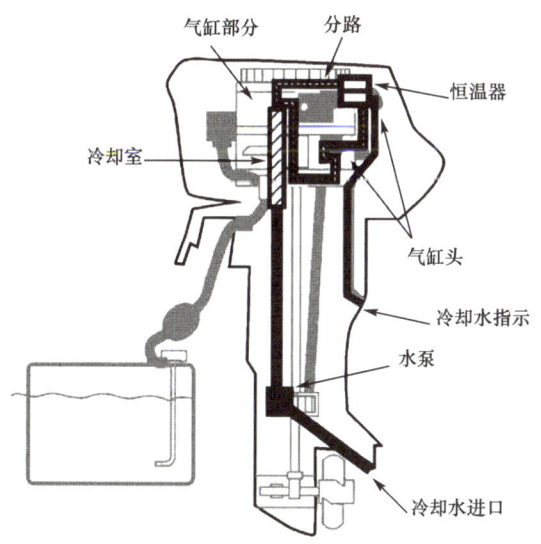

图 1-18　舷外机冷却系统

注意：在咸水或污油水中使用舷外机之后，应使用清水冲洗冷却系统。注意观察是否堵塞进、排水口，特别是很长时间没有使用的发动机。

③燃油系统

舷外机燃油系统如图1-19所示，其作用是根据不同工况，配制出一定数量和浓度的可燃混合气体，送入气缸，并将燃烧后生成的废气排入大气。

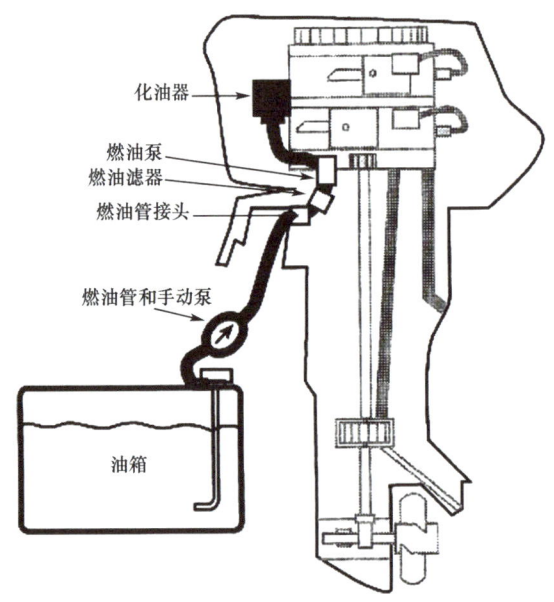

图1-19 舷外机燃油系统

在手动输油泵或燃油泵的作用下，汽油自油箱经燃油管、燃油滤清器进入燃油泵，然后由燃油泵压入化油器。在气缸真空吸力作用下，空气经空气滤清器进入化油器，汽油自化油器喷出并与空气混合，初步形成可燃混合气，经进气管进入气缸。进入气缸的汽油继续雾化和蒸发，与空气混合成均匀的可燃混合气。在气缸内燃烧后生成的废气经排气管路排入大气。

④润滑系统

润滑系统向发动机各摩擦部件提供润滑油，使它们得到充分润滑，减小机件的磨损和动力损失。润滑油有一定黏度，在相对运动机件表面形成一层油膜起密封作用，同时也起到防腐和防锈的作用。

大多数快速救助艇装备二冲程发动机。二冲程发动机曲轴箱参与压缩做功，不需要循环的机油系统，发动机的润滑是通过使用机油和汽油混合而成的混合油来完成的。混合油可以用汽油事先混合或者由发动机贮油装置提供。一些新型发动机装备了燃油贮存系统，称作可变比率油料系统。若发动机自身装备了燃油贮存系统，该系统可以将燃油与适量的机油混合以润滑发动机。艇员应根据发动机使用手册的要求装满型号正确的机油。四冲程汽油发动机内设油底壳（曲轴箱）及其机油循环系统润滑发动机。

2. 喷水推进器

喷水推进是一种特殊的船艇推进方式，与螺旋桨不同的是，它不是利用推进器直接产生推力，而是利用推进泵喷出水流的反作用力推动船艇前进。喷水推进具有推进效率高、抗空泡性强、附体阻力小、操纵性好、传动轴系简单、保护性能好、运行噪声低、变工况范围广和利于环保等常规螺旋桨不及的优点。因此,喷水推进是快速救助艇较为常见的推进方式之一。

(1)喷水推进器的组成

典型的喷水推进器主要由原动机及传动装置、推进水泵、管道系统、舵及倒航组合操纵设备等部分组成。

原动机及传动装置:喷水推进装置最常见的动力源及传动装置配置有燃气轮机与减速齿轮箱驱动、柴油机与减速齿轮箱驱动、燃气轮机或柴油机直接驱动等形式。快速救助艇一般采取柴油机与减速齿轮箱驱动方式。

推进水泵:推进水泵是喷水推进装置的核心部件。从推进水泵的功率和效率的要求,船艇总体布置的需要以及传动机构的合理、方便、可靠等方面出发,通常选用叶片泵中的轴流泵和导叶式混流泵,特殊情况下也可采用离心泵。

管道系统:主要包括进水口、进水格栅、扩散管、推进水泵进流弯管、出流弯管和喷口等。进水口是由进水管、安装组件和进水口防护栅组成的。进水口的作用是将水匀速地由艇外引导至叶轮,并最大限度减少损耗。叶轮在原动机直接驱动下转动叶轮,提高水流速度。喷口的作用是将推进器产生的高压能量转换为使艇运动的动能。管道系统的优劣在很大程度上决定了喷水推进系统效率的高低。

舵及倒航组合操纵设备:采用喷水推进的船艇不能靠主机、推进水泵的逆转来实现倒航,一般是通过设法使喷射水流反折来实现:由于经喷口喷出的水流相对于舵有较大流速,所以一般采用使喷射水流偏转的方法来实现船艇的转向。常见的舵及倒航组合操纵设备有外部导流倒放斗、外接转管倒放罩等。

喷水推进系统的组成见图1-20。

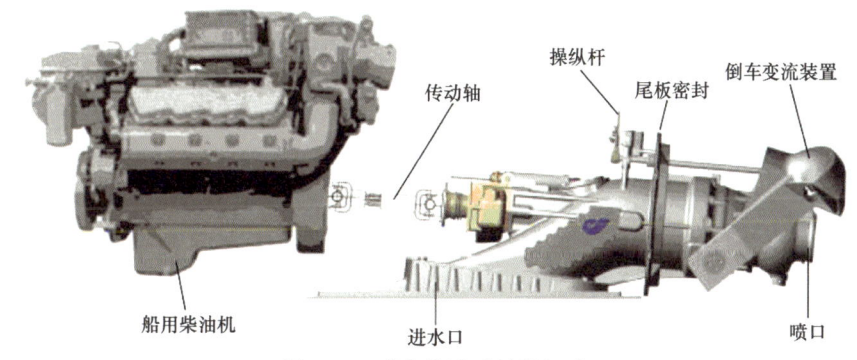

图1-20 喷水推进系统的组成

(2)喷水推进系统工作原理

喷水推进器的推力来自水流喷出后产生的反作用力。发动机运转以后,通过传动轴带动喷射泵工作。喷射泵内部的叶片采用机翼理论设计,当同一叶片的叶面和叶背的流体介质有速度差的时候,流体就会对该叶片产生推力,发动机驱动的叶轮则对流体产生反作用力,这样发动机就对流过叶片的液体做功,使水流加速向后喷出,从而使艇体获得向前的驱动力。

根据牛顿第三定律,"当施加外力于一件物体时,物体必然产生另一种大小相等、方向相反的力",即作用力与反作用力的数值相等。简单地说,在高速喷水系统喷出水流的同时,在其相反的方向产生了同样的力,这个力作用在与喷射装置相连的艇体上,使艇体前进。喷射装置被安装在靠近艇尾的舱室内部。水从艇底被吸入喷射装置,然后加速并以高速自艇尾排出,使艇获得前进的动力。图1-21为喷射泵推进器工作示意图。

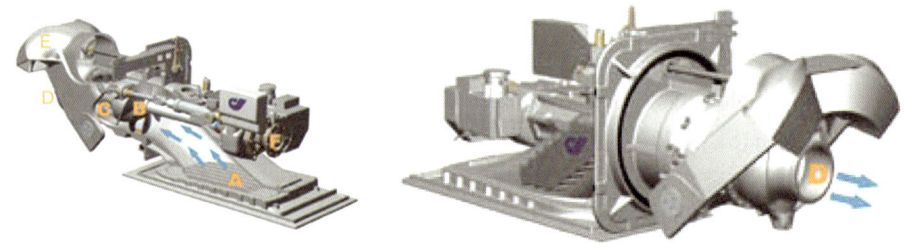

图1-21 喷射泵推进器工作示意图

如图1-21所示,水由进水口A进入喷射装置。其中的喷射泵包括叶轮B和管道C,可以提高水流的压力或"压头"。高压水流在喷口D处以高速喷射水流的形式排出,发动机则通过传动轴和连接装置F带动叶轮转动。

喷射装置的喷口可以绕着一个竖直轴向左或向右摆动,从而让水流方向发生变化。通过改变喷射水流偏离轴线(首尾线)的水平角度可产生使艇旋转的力矩,例如喷射水流偏向左或右某一方向时会使艇尾向相反方向运动,操艇人员据此可控制艇的航行方向,获得操控艇的能力。

通过降低位于艇尾喷口后方的倒车变流装置E,可以改变喷射水流的方向,实现倒航。在前进挡的时候,倒车变流装置(倒挡罩)向上翻起且固定住,则水流直接向艇尾方向喷出,产生向前动力,艇向前航行(见图1-21);如果逐渐放下倒车变流装置,向后喷出的部分射流冲击在倒挡罩上发生折射,转为向前及向左和向右的水流。当这些水流与向后的射流平衡时,艇就会停在水面,即处于驻航"零速"状态(见图1-22);在需要倒车时,将倒车变流装置完全放下,水流冲击在倒挡罩上,形成向前和向下的喷射水流,产生艇尾方向的力使艇后退倒航。

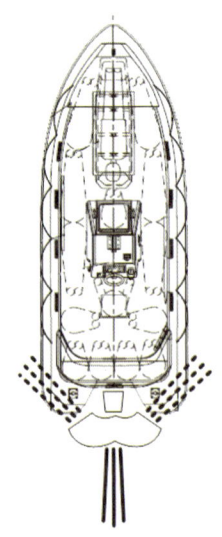

图1-22 喷水推进零速示意图

三、推进器控制装置

1. 舷外机

(1)遥控盒:通过遥控盒上的操纵手柄可以遥控挡位和油门,如图 1-23 所示。

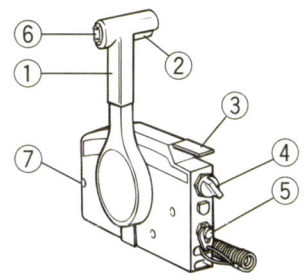

图 1-23 遥控盒(左图)及其各部分名称(右图)
①—操纵手柄(或称遥控杆)电动倾斜开关;②—空挡释放钮操纵手柄(或称遥控杆);
③—空挡节流杆空挡释放钮;④—主开关/阻气门开关空挡节流杆;⑤—熄火制动开关主开关/阻气门开关;
⑥—电动倾斜开关熄火制动开关;⑦—油门阻尼调节螺丝

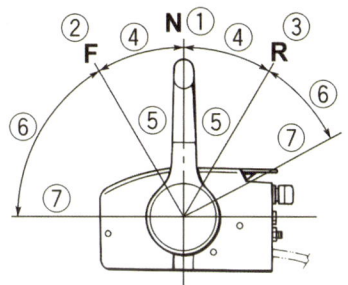

图 1-24 操纵手柄的挡位
①—空挡;②—进车挡;③—倒车挡;④—换挡;⑤—全闭合;⑥—油门;⑦—全开启

(2)空挡释放钮:如果没有压住空挡释放钮,则不能移动操纵手柄进行遥控操作,如图 1-23 所示。

(3)舷外机倾斜控制开关:用于舷外机倾斜操作。按下 UP 端,舷外机向上倾斜;按下 DOWN 端,舷外机向下倾斜,如图 1-23 所示。

(4)操纵手柄:用以控制发动机与传动装置接合或脱开,实现进车、空挡、倒车。将操纵手柄自中央空挡位置向前或向后转动约 35°,会将齿轮啮合为进车挡或倒车挡,救助艇会向前或向后行驶。如果继续向下转动操纵手柄,就会开启油门,如图 1-24 所示。

(5)熄火制动开关:应急熄火绳带有开关夹板的一端连接到熄火制动开关上,另一端则系在操艇人员的手臂或身体其他部位,如图 1-25 所示。如果操艇人员意外跌落于艇外或突然远离操作位置,应急熄火绳就会抽出开关夹板使点火电路形成开路,立即停止发动机。

(6)应急熄火绳:与熄火制动开关配套使用,保证操艇人员安全,如图 1-25 所示。

(7)阻气门调节钮(开关):为启动发动机提供所需要的混合气体。

(8)启动钥匙开关:OFF(关闭),ON(接通),START(启动),CHOKE(阻气),如图 1-26 所示。

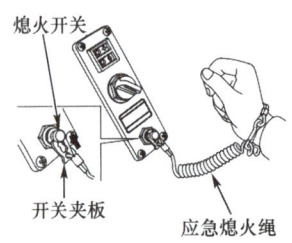

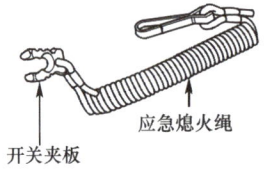

图 1-25　熄火制动开关和应急熄火绳

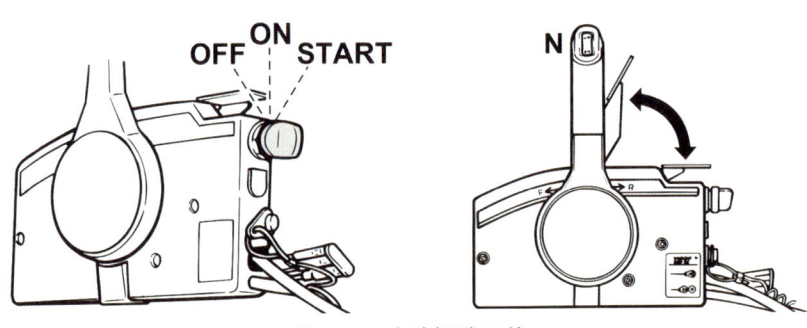

图 1-26　启动钥匙开关

（9）空挡节流杆（快速怠速杆）——向上抬起快速怠速杆，可以增加空挡时舷外机的怠速，如图 1-27 所示。

图 1-27　空挡节流杆（快速怠速杆）
A—节流手柄；B—换向手柄

2. 喷水推进装置

采用喷水推进的快速救助艇，其驾驶控制面板上有两个手柄，分别是节流手柄和换向手柄。艇员利用节流手柄控制发动机转速，改变艇的航行速度。向前推节流手柄可增加发动机转速，提高艇速；回拉节流手柄则可减少发动机转速，降低艇速，如图 1-27 所示。

借助换向手柄可控制喷水推进装置的换向导流器的位置，调整喷口射流方向，改变艇的航行状态。换向手柄有三个位置：向前、向后、正中。当换向手柄处于向前位置时，导流器完全抬起不会阻碍喷射水流，艇前进。当换向手柄处于向后位置时，导流器完全降下将阻碍喷射水流，艇开始后退。换向手柄处在正中位置时，即使发动机正在运转，艇也保持相对静止。值得注意的是此处的"正中位置"不是绝对的，它取决于喷射水流的大小。

第三节

快速救助艇的操舵装置

救生艇和普通救助艇的操舵装置主要由舵轮(舵柄)、传动软轴和舵叶或导管舵等部件组成,其作用是保持航向和改变航向。《国际救生设备规则》(LSA Code)要求快速救助艇应在远离舵柄的操舵位置上用舵轮驾驶,还应配备一个直接控制舵、喷水装置或舷外机的应急操舵系统。目前,快速救助艇依据不同的推进形式,其操舵装置主要有以下几种类型。

一、舷外机的操舵装置

安装舷外机的艇有三种操舵控制方式:舵柄操舵控制方式、软轴操舵控制方式和液压传动的动力操舵控制方式。不论采用何种操舵控制方式,艇的操舵控制系统都是始于舵柄或舵轮,止于舷外机水面以下的偏航调整片。

1. 舵柄操舵装置

舵柄操舵装置是舷外机三种操舵控制方式中最简单的一种。它所用的零部件最少,所有部件直接安装在舷外机上,小型艇大都采用此类操舵控制装置。

2. 软轴操舵控制装置

除用舵柄操舵装置外,单软轴操舵控制装置是最常见的操舵控制装置。当然,也有部分艇采用双软轴操舵控制装置。中型艇通常采用软轴操舵控制装置,如图1-28所示。

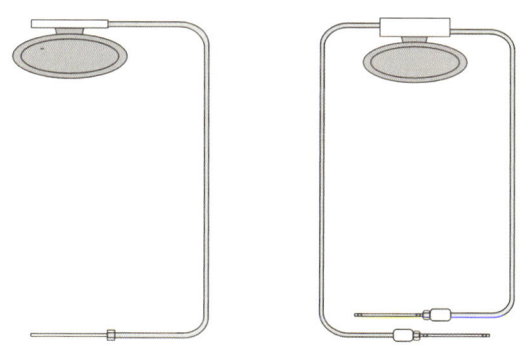

图1-28 软轴操舵控制装置

软轴操舵控制装置的基本工作原理:

舵轮是操控救助艇航行方向的装置。操艇人员通过舵轮利用齿轮、链条或钢索等部件构成操舵装置以控制位于艇尾的舷外机偏向和螺旋桨排出水流的方向,使快速救助艇保持航向或改变航向。转动舵轮时,齿轮会推动或拉回操舵软轴上的螺旋机械装置。由此产生的推力或拉力可以推动或拉回护管内的软轴,使软轴在与舷外机连接点处延长或缩短其长度,迫使舷外机向左或向右转动。

3. 液压传动的动力操舵控制装置

液压传动的动力操舵控制装置通过液压操舵装置操舵,以控制位于艇尾的舷外机偏向和螺旋桨排出水流的方向,使快速救助艇直行或改变航向。大型艇则多采用液压传动的动力操舵装置。

一套液压操舵系统(如图1-29所示)主要包括一个液压油缸、一只手动泵及连接二者的软管和其他零部件。

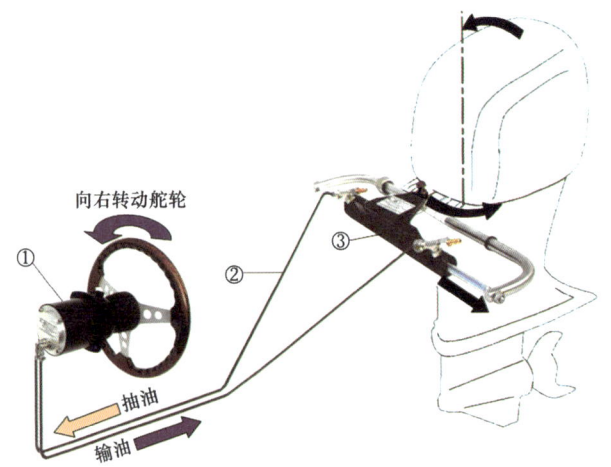

图1-29　液压操舵系统工作原理示意图
①—手动泵；②—软管；③—液压油缸

①液压油缸可以向操舵系统提供动力。

②操舵系统中的手动泵是一种轴向的活塞泵，当转动舵轮时该泵可抽吸管路中液压油迫使其回流，液压油的体积决定舷外机转动程度。手动泵上装设了截止阀，防止在非操舵状态时发动机偏转；装设的减压阀可预防回路中压力异常升高。

③软管用于传递压力。不考虑风和水流的影响时，在进车时向左转动舵轮，舷外机向左摆动，快速救助艇向左转向；向右转动舵轮，舷外机向右摆动，快速救助艇向右转向。

二、喷水推进装置的操舵装置

喷水推进装置的操舵装置由舵轮、舵柄和转向导流管等部件组成。其中舵轮和舵柄之间的连接可以是机械方式，也可采用液压方式。转动舵轮可以带动舵柄，通过轴与联轴节来移动喷口控制水流方向。与舷外机的转向控制装置类似，通过操作舵轮，艇员可以直接控制艇的航向。不过，舵轮控制的不是艇外机的转动角度，而是喷水推进系统喷口的方向。喷水推进装置的操舵控制装置，如图1-30所示。

 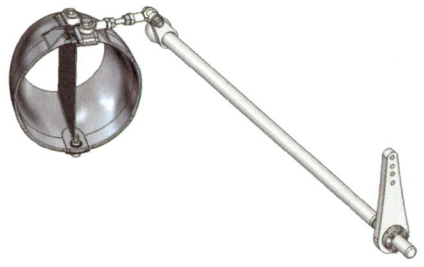

图1-30　喷水推进装置的操舵控制装置

喷水推进装置的叶轮室的后方设置了文氏管，从前向后文氏管的管径由大逐渐变小，可进一步提高流体的速度。在文氏管的后方设置了尾喷口(转向导流管)，它可以绕着一个竖直轴向左右摆动,从而让流体流向艇尾左后方或右后方,使艇体获得向左或向右的转向力,但值得注意的是只有当喷射流动力足够大时才有舵效。通常,发动机转速只有达到 1 000~1 500 r/min 时,才能操控救助艇。另外,将喷口从一个极限位置转动到另一个极限位置大约需要转两圈舵轮。

第四节 快速救助艇的配备及属具和备品

一、快速救助艇的配备

1. 滚装客船的救助艇中,至少应配有一艘符合 IMO 要求的快速救助艇。
2. 每艘快速救助艇均应使用符合 IMO 要求的降落设备。此种降落设备即使在恶劣的海况下也可以降放和回收快速救助艇,同时还应符合 IMO 通过的建议。
3. 每艘快速救助艇应至少有两名艇员接受过海员培训、发证和值班规则(STCW Code)和 IMO 通过的其他相关方面的培训学习并定期参加演习,包括救助和在各种海况下对快速救助艇的操纵以及倾覆后的扶正等方面的内容。
4. 如因 1997 年 7 月 1 日以前建造的滚装客船的尺寸和布置而不能安装符合要求的快速救助艇,则该快速救助艇可以替代安装在现有作为救助艇的救生艇的位置;或者,对于 1986 年 7 月 1 日以前建造的船舶,可替换供应急时使用的小艇,但必须满足下列条件:
(1)已安装的快速救助艇应使用符合第 2 条规定的降落设备;
(2)因上述替换而造成的救生艇乘员定额的减少,应由救生筏予以补足,补足后数额至少应等于原乘员定额;
(3)上述救生筏使用现有的降落设备或海上撤离系统。

二、快速救助艇的属具和备品

快速救助艇的属具和备品,如图 1-31 所示。
1. 一套数量足够的可浮桨或手划桨(Buoyant oar or paddle),以供在平静海面划桨前进。应为每支桨配齐桨架、桨叉或其他等效装置。桨架或桨叉应以短绳或链条系于艇上。
2. 可以漂浮的水瓢(Buoyant bailer)一只。
3. 内装有涂有发光剂或具有适当照明的装置的有效罗经(Compass)一具。
4. 海锚(Sea anchor)一只;具有足够强度的海锚回收索(Tripping line)一条,其长度不少于 10 m。
5. 足够长度和强度的首缆(Painter)一根,附连于脱开装置,并设置在快速救助艇的前端。
6. 长度不少于 50 m 的可浮索一根,该索的强度足以满足至少以 2 kn 航速拖带船舶所配备的载足全部乘员及属具或相当重量的最大救生筏。
7. 防水手电筒(Electric torch)一个,连同备用电池一副及备用灯泡一只。

8. 哨笛（Whistle）或其他等效的音响号具一只。

9. 急救药包（First-aid outfit）一套，存放于用后可盖紧的水密箱内。

10. 系有长度不少于30 m浮索的救生浮环（Rescue quoit）两个。

11. 探照灯（Searchlight）一盏。其水平和垂直扇面至少6°，所测得的光强为2 500 cd，连续工作不少于3 h：

（1）该探照灯必须为快速救助艇特殊需求而设计和制造的；

（2）设计为手持式（可移动型）；

（3）在夜间可以有效照亮一浅颜色物标；

（4）必须能在长度为180 m、宽度为18 m的范围内连续可靠操作至少3 h；

（5）使用充电电池作为电源，并可以快速充电；

（6）性能可靠，并可长时间存放；

（7）防水型；

（8）抗锈蚀和天气影响；

（9）重量小；

（10）为黄颜色；

（11）光力足以照亮0.5 nm的物标；

（12）调焦旋钮；

（13）较大的黄色存放袋。

12. 有效的雷达反射器（Radar reflector）一具。

13. 数量足以供10%快速救助艇额定乘员使用的保温用具（Thermal protective aid）或两件，取其大者。

14. 适用于扑灭油火的便携式灭火器（Portable fire-extinguisher）一具。

15. 除按上述1~14条要求外，

（1）每艘刚性快速救助艇的正常属具还包括：

①带钩艇篙（Boat-hook）一支；

②水桶（Bucket）一只；

③小刀（Knife）或太平斧（Hatchet）一把。

（2）每艘充气式快速救助艇的正常属具还包括：

①可浮安全小刀一把；

②海绵（Sponge）两块；

③有效的手动充气器（Bellows）或充气泵（Pump）一具；

④修补破损的修补工具一套；

⑤安全艇篙一支。

16. 免提双向甚高频无线电话（Hand free VHF radio communication set）。

双向甚高频无线电话设备应满足下列基本要求：

（1）必须固定安装在快速救助艇上，为水密的免提型无线电话，可以在救生艇、筏之间进行现场通信；

（2）能在156.8 MHz频率（VHF16频道）工作，或者能至少增加一个频道；

（3）在启动后5 s之内工作；

(4)电源能供其工作 8 h。

17. 许多快速救助艇还装备了如下设备：

(1)航行灯(Navigation light)；

(2)示位灯(Position indication light)；

(3)固定式 GPS 接收机(Fixed GPS)；

(4)自动识别系统(AIS)；

(5)小型多功能组合式雷达；

(6)火箭降落伞火焰信号；

(7)救起落水人员的专用器材。

此外，还应为每位艇员配备安全头盔、救生索和抗暴露服。艇员应掌握快速救助艇上各种属具和备品的使用方法，并注意保管好各种物品。为避免在航行中或艇倾覆时丢失属具和备品，不用时应将它们放在专用的存放柜内。

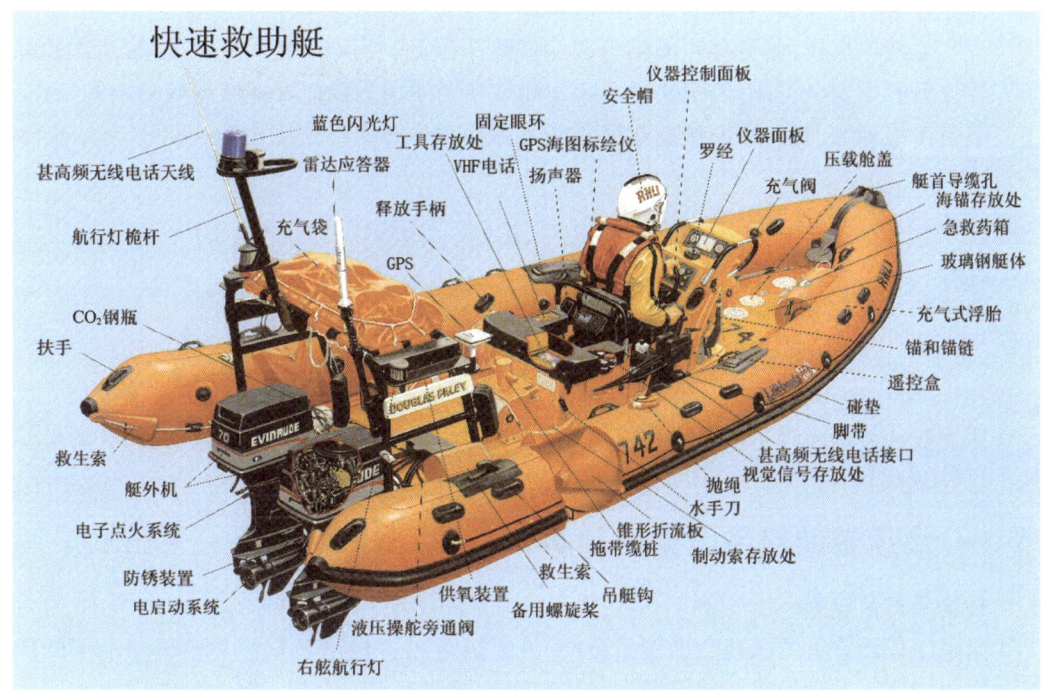

图 1-31　快速救助艇的属具和备品

第二章
快速救助艇的降落和回收

即使在平静的海面,自船舶高处降落救助艇也是一项比较复杂的工作。如果在恶劣天气下实施此项操作,艇员必然面临更多的危险。因此,为保证作业安全,船舶配备的降落回收设备必须安全可靠;船员必须了解本船装备的快速救助艇降落装置的结构和特点,事先接受良好训练,熟练掌握快速救助艇降落和回收步骤。

第一节 快速救助艇的降落设备

船上快速救助艇降落设备也称作吊艇架,专门用来降落和回收快速救助艇,有的吊艇架上还设有特制的托架存放救助艇。

一、快速救助艇吊艇架的种类

1. 单吊索吊艇架

这是一种最常见的快速救助艇吊艇架,吊艇机通过一根吊艇索控制快速救助艇的降落和回收操作。这种吊艇架要求艇员必须在船中接近船舷处,进行救助艇的降落和回收操作来减轻船舶横摇和纵摇的影响。为防止损坏救助艇,船舶必须对救助艇实施有效的下风保护,艇员应熟练掌握救助艇操作方法。除非在吊升时快速救助艇始终与船舷接触,否则需要使用首缆和尾缆来控制艇体旋转。

常见的单吊索快速救助艇的降落/回收装置主要有两种类型:单臂回转式吊艇架和A字形吊艇架。

1) 单臂回转式吊艇架(Slewing davit)

单臂回转式吊艇架是由一只起重臂、吊艇机和回转装置组成的。这种吊艇架包括内外两个立柱以焊接的形式或用螺丝固定在船舶甲板上,内层立柱安装在甲板经过加强的基础上,外层立柱通过法兰盘与起重臂连接,通过回转盘的转动可将快速救助艇转出舷外。

(1)单臂回转式吊艇架的类型

按照回转方式又可将单臂回转式吊艇架分为两种类型:

①人工旋转类型

这是一种安装在船舶甲板上由一个可旋转的吊臂、转柱和电动吊艇机组成的吊艇架。吊臂需要借助人力才能将救助艇转送到母船舷外进行降落或回收操作。

②液压旋转类型

这种液压旋转单吊臂吊艇架是由吊臂、转柱和电动吊艇机组成的,安装在甲板吊架上。救助艇由存放位置旋转至降落位置是通过内置的液压装置提供动力的。

(2)单臂回转式吊艇架的结构

单臂回转式吊艇架主要由起重臂、回转盘、液压回转装置、吊升机构、回转支承、限位装置、遥控装置、起重臂端部滑轮等组成,如图2-1所示。它具有电动(手动)起升、重力降放、液压回转(泵站和蓄能器或手动泵供油)等功能。

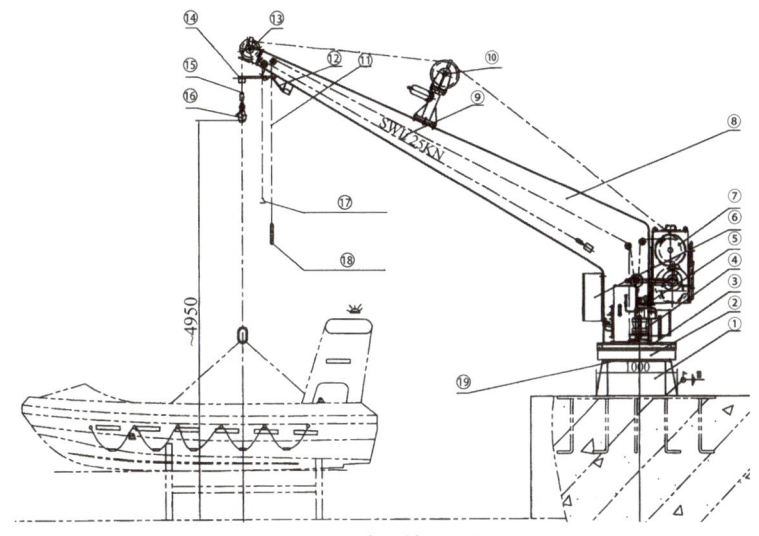

图 2-1 单臂回转式吊艇架

①—底座;②—回转支承;③—回转盘;④—液压回转装置;⑤—液压布置箱;⑥—电气布置箱;⑦—吊升机构;⑧—起重臂;⑨—字体;⑩—缓冲装置;⑪—遥控装置;⑫—起升限位装置;⑬—起重臂端部滑轮;⑭—挡头;⑮—吊艇索装置;⑯—吊钩装置;⑰—遥控回旋吊臂;⑱—遥控降落吊钩;⑲—回旋限位装置

①起重臂是单臂回转式吊艇架的主要承载构件,依靠转动起重臂可实现快速救助艇由船内旋到舷外。

②回转盘是用于连结起重臂和回转支承的部件,通过液压回转装置的驱动,可以使起重臂有效地转出舷外或转至存放位置。

③吊升机构是收放救助艇的主要构件,通过端部滑轮控制吊升机构上钢丝绳的收放达到收放艇的目的。

④限位装置是用来防止艇起升过度的一种保险装置。

⑤遥控装置是用于在艇员全部登上快速救助艇后,船舶甲板上已无人操作的情况下,在艇内通过遥控钢索,有效地控制艇的转出位置和下降高度。

⑥蓄能器和手动泵用于当船舶失去电力时依靠蓄能器储存的能量或操作手动泵,使起重臂转出舷外或转至存放位置。

⑦缓冲装置的作用是当吊升机构刹车时通过油缸进行缓冲,减轻对起重臂的冲击。

2) A字形吊艇架(Davit A type)

A字形吊艇架由钢质吊艇架、液压吊艇机和艇架操作中所需的各种必要液压设备组成,如图2-2所示。液压装置可以将艇架及救助艇摆出和收回,并通过液压阀调节和控制快速救助艇的降落速度。

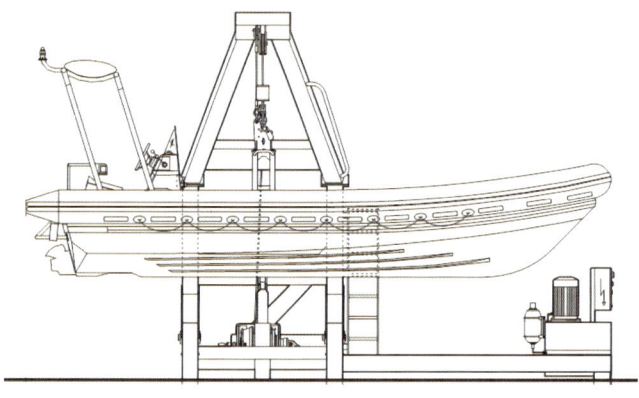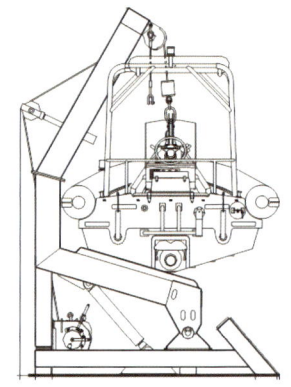

图2-2 A字形吊艇架的结构

另外,这种吊艇架操作起来十分方便,不但可以在艇内施放快速救助艇,而且也可以在大船的甲板上施放。这种艇架被设计成无论快速救助艇上是否有人员,均可以在恶劣海况下,船舶出现不利纵、横倾时将救助艇降放于海面。

吊艇架装备了自动收紧装置,可以根据波浪的情况及时调整吊艇索的长度。吊艇架上还设有限位开关,当艇回收到设定的位置时限位开关开始动作,可以防止快速救助艇撞击艇架。此外,这种快速救助艇的艇架还装备了特制的释放钩,当艇接触水面时可与艇钩快速脱离。由于具有自动和手动两套操作模式,吊艇架也可作为一部起重机使用。

2. 起重机和关节式吊艇架

起重机和关节式吊艇架的主要优势是操作灵活方便。有的装备了液压减震装置的回收头来缓解船舶摆动的影响。与其他吊升系统相比,铰接的吊臂使得回收头更靠近起吊点,在吊升过程中,可以缩短吊艇索的长度。起重机可以外伸的长吊臂使得救助艇能在远离船舷、船舶设备和障碍物的情况下降放到水面。

二、对降落与登乘设备的一般要求

快速救助艇的降落设备必须满足下列基本要求:

(1)每具降落设备的布置应能在船舶纵倾达到10°并向任何一舷横倾达到20°的不利情况下,安全降落其所配备的装备齐全的和满载全部乘员的救助艇。

(2)降落设备的布置应可由一个人自船舶甲板上某一位置或救助艇内部某一位置操作。当在甲板上操作降落机械装置时,操作人员应能看到快速救助艇。

(3)降落设备只能依靠重力或船舶动力提供的储存机械动力,降落其所配备的处于不同状态的快速救助艇。

(4)每具降落设备的构造应仅需要最少的日常维护量。一切需要船员定期维护的部件应容易接近和维护。

(5) 吊艇索应是防旋转及耐腐蚀的钢丝索。

(6) 降落设备的绞车制动器应具有承受下列负荷的足够强度：

① 试验负荷不少于 1.5 倍最大工作负荷的静力试验；

② 试验负荷不少于 1.1 倍最大工作负荷，以最大速度下降的动负荷试验。

(7) 除绞车制动器外，降落设备及其附属设备的强度应能承受不少于 2.2 倍最大工作负荷的静力试验。

(8) 设有有效的手动装置收回救助艇，在救助艇降落或使用动力吊起时，绞车的转动部分应不使手动装置的手柄或手轮旋转。

(9) 载足全部乘员与属具的快速救助艇的降落速度不得超过 1 m/s，且不小于由下列公式得出的速度：

$$S = 0.4 + 0.02H$$

式中：S——降落速度，m/s；

H——从吊艇架顶部到最轻载航行水线的距离，m。

(10) 每具降落设备应有制动器，使载足全部乘员及属具的快速救助艇在降落中能刹住并可靠地系留住；如有必要，还应有防水和防油保护的辅助构件。

(11) 手控制动器的布置应始终处于制动状态，除非操作者或其控制的机械装置把制动器保持在"脱开"的位置。

(12) 降落设备应配备在快速救助艇降落或收回时可以抑制与浪相互影响的装置，该装置应包括一个削弱震动力量的挠性构件和一个将震动降低至最低程度的减震构件。

(13) 吊艇机应装设一个自动高速拉紧装置，在快速救助艇准备操作的各种海况条件下，防止钢丝松弛。

(14) 吊艇机制动器应逐渐产生作用，当全速降落快速救助艇并突然使用制动器时，减速作用使钢丝额外产生的力不应超过降落设备安全负荷的 0.5 倍。

(15) 每艘快速救助艇的降落设备均应装设一台能把载足全部乘员和设备的快速救助艇从水面以不小于 0.3 m/s 速度升起的，由动力驱动的绞车马达。快速救助艇的降落设备应具有以不小于 0.8 m/s 速度吊起载有 6 名人员和全部设备的快速救助艇的能力。快速救助艇的降落设备也应具有吊起最大定员数的救助艇的能力。

三、释放装置的结构和使用

快速救助艇降落水面后需要尽快借助释放装置使艇脱离降落设备离开母船。救助艇的释放装置是艇和吊艇索连接或分离的装置，是由释放钩（或称作吊艇钩）和释放手柄等安全控制部件组成的。它的一端连接吊艇索，另一端连接救助艇。有些艇的释放装置连接在艇架的吊艇索上，释放钩则通过吊环与救助艇上四根吊带连接，拉动手柄即可打开释放钩；也有部分艇的释放钩直接安装在艇中附近的操作台上，通过拉动手柄或自动方式开启释放钩。尽管用于降落和回收快速救助艇的释放装置的类型较多，结构各异，但它们应具备承载（有负荷）释放或卸载（无负荷）救助艇的性能。下面仅介绍其中的两种较为常见的释放钩。

1. 安装在快速救助艇上的释放钩

1) 安装在快速救助艇上的释放钩的结构

此类释放钩通常直接安装在救助艇的驾驶台上,然后通过吊重环等索具与吊艇索连接。本文仅以 H. Henriksen 释放钩为例,介绍此类释放钩的基本结构。

H. Henriksen 释放钩由弹簧、锁销、承重侧板、释放手柄、吊升座架等部件组成,如图 2-3 所示。通过操控释放钩上的释放手柄,可以控制释放钩的开启或者关闭,完成救助艇的脱钩或挂钩操作。

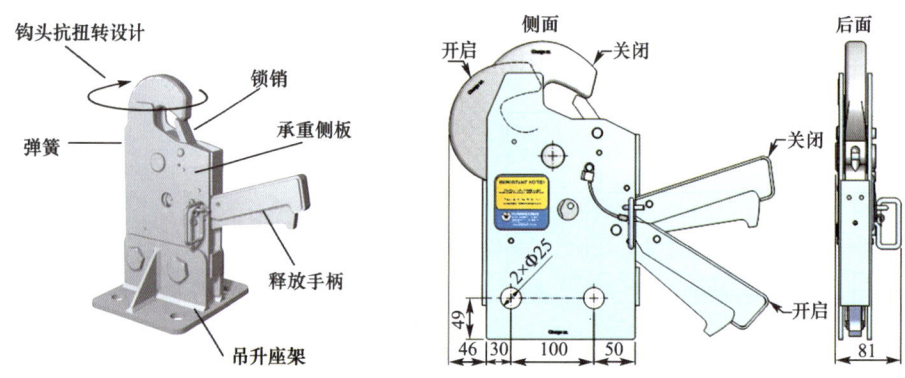

图 2-3　H. Henriksen 释放钩

2) H. Henriksen 释放钩的使用方法

（1）释放方法

①检查并确认释放手柄处于高位,安全栓应按照图示插好;

②在降落救助艇的过程中,顺时针转动安全栓,将其拔下;

③当救助艇接近水面时,握紧释放手柄,然后将其推到低位;

④艇员后退。当救助艇接触水面后,释放钩上拉力达到 25～30 kg 时,释放钩自动开启,释放吊重环。

（2）复位方法

①检查并确认释放手柄处于高位,安全栓应按照图示插好;

②将吊重环推到释放钩内;

③艇员后退。开始回收操作。

2. 与吊艇索连接的释放钩

（1）与吊艇索连接的释放钩的结构

比较常见的与吊艇索连接的释放钩的结构,如图 2-4 所示。

（2）释放钩的安装方法

①取下固定螺丝 1;

②松开螺母 2;

③取出螺杆 3;

④移开释放钩的锥体 4;

⑤将锥体安装在插接的钢丝绳眼环内;

⑥重新组装;

⑦装上螺母并拧紧；
⑧用固定螺丝固定螺母。

（3）释放钩的使用方法（如图2-4所示）

①在释放钩处于锁闭状态时，推开钩子开口处的自动安全栓，将释放钩和救助艇吊环连接好；

②在救助艇降放到水面后，吊环上失去负荷，向内移动安全栓将吊环从释放钩上卸下。

这种释放钩是用不锈钢材料制成的，仅需要定期检查和加油活络。每间隔3个月必须对释放钩进行功能性检查。每年应检查释放钩，每5年应进行彻底检修，这种检查应由制造商或其指定的持证检修人员进行。最好由释放钩制造商或授权的服务站打开和检修。

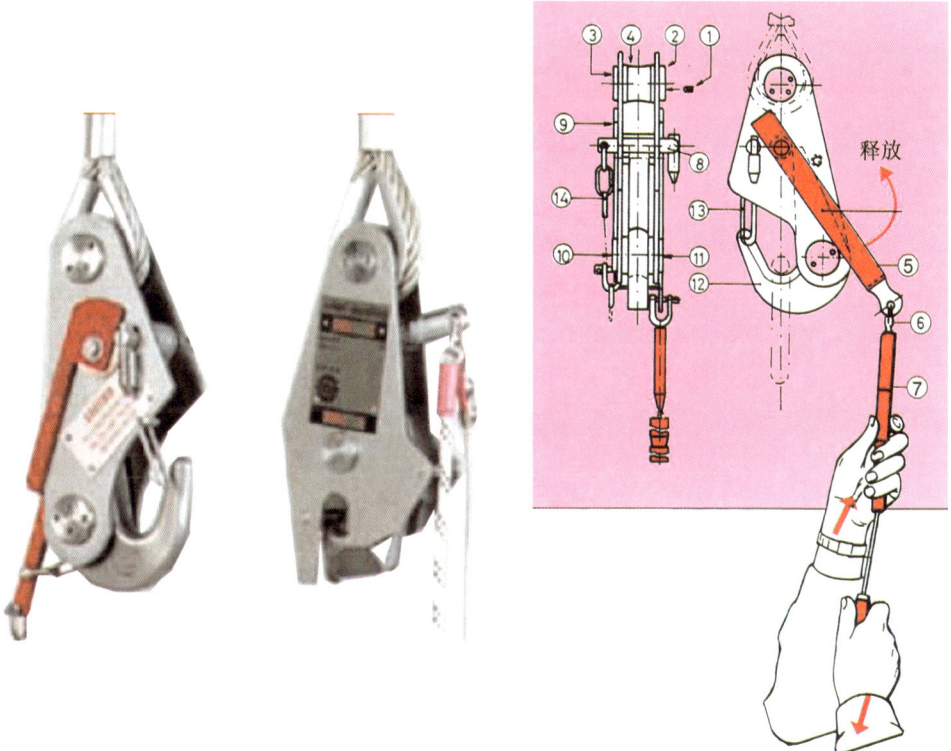

①—固定螺丝；②—螺母；③—螺杆；④—锥体；⑤—拉杆；⑥—卸扣；⑦—推链；
⑧—安全栓；⑨—侧板；⑩—轴；⑪—螺母；⑫—艇钩；⑬—弹簧安全栓；⑭—连接链

图2-4 释放钩的结构及使用方法示意图

3. 释放钩和首缆释放装置组合布置

在有的快速救助艇上，将释放钩和首缆释放装置组合布置，如图2-5所示。艇员在驾驶台上，通过控制操纵手柄就可以开启释放钩和释放首缆。为保证人员和救助艇的安全，这种释放钩只有在吊艇索上没有载荷时，才能打开释放装置将救助艇脱钩释放。而且，为保证降放安全，首缆释放钩在救助艇入水之前及释放钩承重时不会被打开。

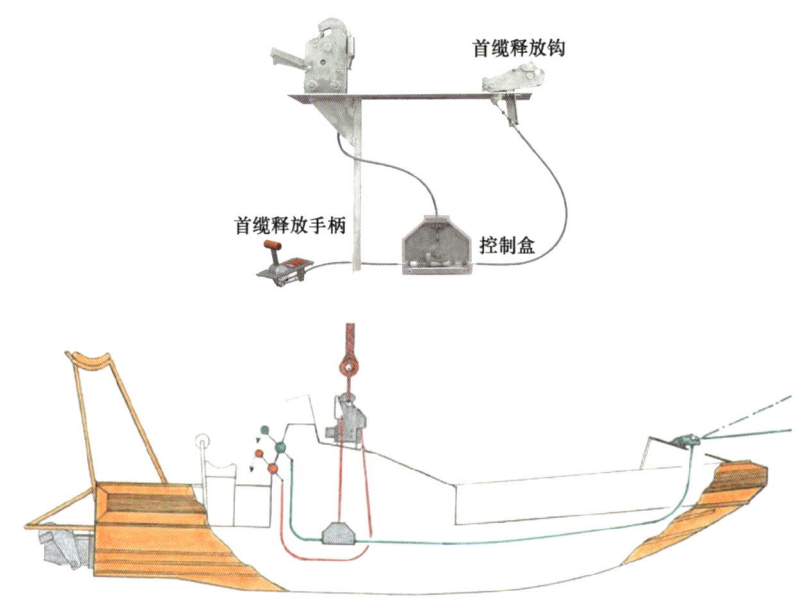

图 2-5 组合式释放钩和首缆释放装置示意图

4. 波浪补偿装置

在波涛汹涌的海况下，自船边降落或回收快速救助艇，艇将随着波浪上下起伏剧烈摇摆，艇上人员必然面临危险。因海浪的作用，快速救助艇的降落设备也要承受冲击载荷和很大的应力。常见的救助艇降落和回收设备，虽然操作比较简单，但存在严重的问题。如在回收救助艇时，必须先送出吊艇索，并且其在接触救助艇之前应一直保持松弛状态，保证在艇降落至波谷前不会被拉紧受力。然后，让艇员把吊艇索连接到救助艇上，船上吊艇机操作人员开始卷进吊艇索。因常规吊艇机的吊升速度比波浪运动和船舶横摇的复合速度小，所以会出现吊艇索突然张紧，救助艇也随之被悬在波谷之上的情况。在下一个波浪托起艇之前，吊艇索始终保持张紧状态。伴随波浪的起伏，吊艇索必然时松时紧，吊艇架、救助艇和操艇人员都要承受冲击载荷。

波浪补偿装置就是为了抑制波浪冲击而设计的一种安全系统，其工作原理是在降落和回收快速救助艇过程中，始终在吊艇索上维持一定的张力，并可根据受力情况及时调整吊艇索长度使其一直保持收紧受力状态。启动波浪补偿装置实际是降低了吊艇机的起升力，此时的降落设备不能提供足够力量升起快速救助艇。当吊艇机承受较大负荷时会迅速送出吊艇索将艇降到水面。例如在艇下沉进入波谷过程中，由于艇重超过了吊艇机的起升力，吊艇机自动送出吊艇索；相反，在艇上浮至波峰过程中，吊艇机会自动收紧吊艇索。吊艇索始终保持一定张力，使得艇员能在波浪中相对安全地完成降落和回收救助艇作业。待脱开释放钩后，波浪补偿装置还能自动收回吊艇索。

为避免艇未入水前过早启动波浪补偿装置而导致突然快速送出吊艇索，该装置装有自动防故障互锁单元。震动吸收装置时刻检测吊艇索的受力情况，如果超过预设值，启动自动防故障互锁单元使波浪补偿装置处于待机状态，以防快速送出吊艇索。接通波浪补偿装置开关即启动震动吸收装置。搬动起升或降落操作杆即关闭波浪补偿装置。

有的吊艇架的吊臂上的液压减震钢瓶可以达到被动缓冲的作用，降低来自横向及纵向的运动。

第二节
降落快速救助艇

不论是平时训练,还是紧急情况,艇员均应按照吊艇架、吊艇机和释放钩制造商推荐的程序降落快速救助艇。

一、放艇前的检查和准备工作

在接到救援命令后,艇员应立即穿上救生衣或根据需要穿着抗暴露服到救生甲板集合,等候艇长的指挥。艇长清点人数,核实人员是否到齐,是否携带指定物品;然后,按照应变部署安排艇员做好放艇前的检查和准备工作。

1. 解开快速救助艇和吊艇架上的护罩。艇长指挥吊艇架操作人员将吊臂旋至艇上方,将吊具降放至适当高度,必要时开启照明灯。

2. 艇上人员应进行下列检查和准备工作:

拔下充电器插头;

接通任一电源开关(另一个为备用电源开关);

确认救助艇上的释放钩已安全锁紧;

将救助艇吊艇索的钢索一端挂于吊臂的吊钩上,吊环一端挂在救助艇的释放钩上。注意:挂吊环时,双手应握在吊环把手处,不要直接握吊环,以防挤伤手指;

确认登艇梯、担架和属具齐全;

从属具箱中取出首缆,一端挂于首缆释放器上,另一端交给甲板工作人员;

向艇长报告救助艇准备工作完毕。

此外,艇上人员在平时训练时,还应查看各种燃料的液位。若不足,应按机器手册的规定添加燃料。检查油路是否畅通,接头安装是否正确。如需要,按机器手册的规定启动艇机,确认机器运转正常后关闭机器。检查电路系统,如照明和探照灯等是否正常。

3. 船舶甲板上的工作人员应完成以下工作:

将救助艇首缆末端牢固地系于母船适当位置;

解开用于固定救助艇的稳索,确认艇上无任何绳索、吊带与吊艇架或母船相连;

确认甲板上吊艇区域和水面无障碍;

向艇长报告甲板准备工作完毕。

4. 艇员登艇。

艇长命令吊艇架操作人员吊起救助艇使其离开存放位置;

向母船舷外旋转救助艇,并将救助艇平稳地降放至艇缘与母船船舷平齐的位置;

甲板人员拉紧救助艇首缆,防止救助艇突然移动;

艇员开始登艇(包括艇长在内,至少应有3名救助艇艇员);

艇员登艇后必须在座位上坐好,紧紧抓住艇扶手。若艇上装设了安全带,每位艇员应系上安全带。

二、降落快速救助艇

船长下达放艇命令后,艇长应立即指挥人员降落救助艇。不同类型的吊艇架,其降放程序有所不同,本文仅以单臂回转式吊艇架和 A 字形吊艇架为例,介绍快速救助艇吊艇架的操作方法。

1. 单臂回转式吊艇架

利用单臂回转式吊艇架降放快速救助艇,需要两个步骤:首先,将救助艇吊起,并将其由存放位置旋转到母船的舷外;其次,借助救助艇自身的重力将艇降到水面。根据救助艇由存放位置旋转到母船的舷外使用动力的情况,单臂回转式吊艇架有三种降放救助艇的方法:利用船舶动力源降放、利用蓄能器降放和利用应急手动泵降放。正常情况下,应利用船舶动力源降放快速救助艇。当船舶电力出现故障时,可以使用蓄能器或应急手动泵降放快速救助艇,如图 2-6 所示。

图 2-6　降放快速救助艇

(1)利用船舶动力源降放快速救助艇
此方法需要电源或其他动力源降放快速救助艇。
接通控制箱电源,启动泵站电动机;
操纵吊艇架上的控制阀将快速救助艇架摆出舷外;
操纵吊艇索控制阀或由艇上人员拉动遥控钢丝绳,将艇降到水面,根据水面情况,决定是否使用恒张力装置,以缓解海浪对救助艇和艇架的冲击;
艇长放下舷外机,并将其启动;
启动释放钩脱开装置,脱开吊艇索;
检查雷达反射器和示位灯的状况,使其处于正常工作状态;
离开大船。离开航行中的大船,应首先施加外舷舵,借助大船的拖力和救助艇的舵力使救助艇偏离大船,待救助艇摆开一定角度后,拉动首缆释放手柄,释放首缆。

(2)使用蓄能器降放快速救助艇
开启释放装置上的专用截止阀,将专用手摇柄插入摇柄孔内;
顺时针转动手摇柄,收紧吊艇索,将艇稳稳地吊离存放底座,直至艇可安全转到舷外的位置;
操作人员用手拉动回转环,将艇转出舷外;
艇员登艇坐好后,操作人员拉动遥控降落手柄,依靠重力将艇降下;
艇降至水面后,脱开释放钩,操艇离开母船。

(3)利用应急手动泵降放快速救助艇
关闭专用截止阀,操作人员将手摇柄插入摇柄孔内;

顺时针转动手摇柄,将艇稳稳地吊离存放底座,直至艇可安全转到舷外的位置;

操作手动泵和换向阀,将艇转到舷外;

艇员登艇坐好后,操作人员拉动遥控降放手柄,依靠重力将艇降下;

艇降至水面后,打开释放钩,操艇离开母船;

救助艇脱钩后,艇长应操纵救助艇使其与母船保持适当的距离和方向。艇员释放首缆后,船上甲板人员应迅速把首缆回收到母船。

注意:艇入水后,应有一名艇员持艇篙在艇靠近母船一侧做好准备,防止艇与母船接近。必要时,调整艇的方向,以便艇驶离母船。

2. A字形吊艇架

与单臂回转式吊艇架类似,利用A字形吊艇架降放快速救助艇,也需要两个步骤:首先,将臂架连同救助艇一起倒出母船舷外;然后,借助救助艇自身的重力将艇降放到水面。根据救助艇由存放位置倒出母船舷外所使用动力的情况,A字形吊艇架也有三种降放救助艇的方法,即利用船舶动力源降放、利用蓄能器降放和利用应急手动泵降放。正常情况下,应使用船舶动力源降放快速救助艇。当船舶动力源出现故障而不能正常降放艇时,可以使用蓄能器或应急手动泵降放快速救助艇。

(1)利用船舶动力源降放快速救助艇

此种方法需要借助船上电源或其他动力源才能把快速救助艇降放到水面。其步骤如下:

合上电气控制箱内的空气开关,接入主电源;

按下电气控制箱或操作台面板上的"泵站启动"按钮,启动泵站;

操作人员通过操控绞车起升/下降手柄,将救助艇吊离托架,使救助艇的顶端进入防摇摆装置内;

艇员登艇,操作控制台上的油缸倒入/倒出手柄,推到油缸倒出位置,此时臂架连同救助艇在油缸的推动下向舷外倒出,直至臂架完全倒出舷外;

臂架完全倒出舷外后,操作人员操控绞车起升/下降手柄,降落救助艇。

根据水面状况,决定是否启用波浪补偿装置。通常3级及以下海况不使用波浪补偿装置,4级海况才允许使用。

注意:若不需要使用波浪补偿功能,在救助艇放到水面后,脱开释放钩。艇员操纵救助艇离开母船,船上人员操作绞车起升/下降手柄收回释放钩。

若需要使用波浪补偿功能,当救助艇放到离水面1 m时,打开操作台控制面板上的波浪补偿启动/停止罩壳,按下"波浪补偿启动"按钮,操作绞车手柄会自动移到"起升"侧最大位置,波浪补偿功能被激活。救助艇下落到水面后,随海浪自由运动,但吊艇索始终处于张紧状态。脱开释放钩后,救助艇离开母船,释放钩快速上升,到一定高度后,在行程限位开关设定的停止位置,释放钩自动停止。

(2)利用蓄能器降放快速救助艇

打开臂架上的专用截止阀;

艇员依次登艇,在指定位置坐好;

待艇员登乘完毕后,操作人员向前推动油缸控制手柄,使臂架倒出舷外;

臂架倒出到位后,艇员拉动重力释放阀的遥控钢丝绳,使救助艇平稳地降放到海面。

值得注意的是使用蓄能器降放快速救助艇仅限在失电状态下做一次臂架的倒出和救

助艇的降放,不具备回收功能。

(3)利用应急手动泵降放快速救助艇

在失电情况下,可使用应急手动泵为吊艇架提供动力。

将应急手动泵的手摇柄插到手动泵上,上下反复压动手摇柄为系统提供动力;

艇员登艇,操纵控制阀把艇倒出舷外;

操纵控制阀将救助艇降放到水面。

第三节 回收快速救助艇

一、回收快速救助艇前的检查和准备工作

为使快速救助艇回收作业安全顺利,应在母船的下风舷进行救助艇的回收作业。船上及艇上人员相互配合,做好回收救助艇前的检查和准备工作。

1. 船上负责人员指挥吊艇架操作人员,将吊臂旋至舷外最大外伸位置、释放钩放至适当高度。

注意:释放钩不要放得过低,以免碰伤艇上人员。

2. 船上甲板人员应及时将首缆系艇一端抛给艇上人员,艇上人员迅速将首缆挂于首缆释放器上。

3. 检查释放钩上的安全销是否复位,雷达反射器是否收回。

4. 做好其他回收快速救助艇的准备工作。

二、回收快速救助艇

快速救助艇驶到母船艇架附近;

将快速救助艇的首缆系到首缆释放钩上;

收紧首缆结合车舵,艇长操艇至单臂吊吊钩的下方,并保持其位置;

船上负责人员指挥吊艇架操作人员,降下释放钩至合适的高度;

一名艇员面向驾驶台站在吊钩前,手握吊环把手处,将吊环迅速准确地挂在艇吊钩上,并使其处于锁紧状态,然后报告艇长;

艇长在吊环挂钩完成之后,关闭发动机,若为舷外机,还应将艇机收回;

船上负责人员指挥吊艇架操作人员,操纵吊艇索控制阀将艇刚好吊离水面,艇长应再次检查救助艇状况,适当调整艇上人员位置,确保起吊平稳;

确认正常后,船上负责人员指挥吊艇架操作人员继续回收救助艇至合适高度后,旋进吊臂至艇托架上方,调整好艇的位置后将艇落到托架上;

系妥艇架上的稳索;

关闭泵站电动机,切断电控箱电源,接好充电电源;

进行各系统必要的检查,查看相关属具和备品的情况,用艇罩将艇罩好。

第四节 收放快速救助艇的安全措施

安全顺利地降落和回收快速救助艇，取决于船员的操作水平和对降落设备的维护保养状况，而且天气海况如涌浪、风的强度、风向、温度和能见度等状况也直接影响降落及回收快速救助艇操作。一般认为5.5 m的有义波高是快速救助艇为实施紧急救助而能安全降落的最大波高；3.5 m的有义波高是快速救助艇艇员可以训练和在水中操作的最大波高。然而，在实际的救助中，或许需要船员在比这更恶劣的条件下降落快速救助艇，这要求船员必须具备丰富的经验和掌握高超的技能。

一、放艇

1. 放艇之前，应检查水面是否有障碍物。所有艇员必须坐在指定的座位上。
2. 在放艇过程中，所有艇员不得将手、胳膊或身体其他部位放到舷外。
3. 如果吊艇架上装有座架（托架），在放艇时必须先将艇吊起，然后把艇座下的木楔拔出放下座架，才能扬出吊艇架。操作时应注意防止艇员在艇内误操作，意外拉动自动放艇拉索而使艇突然下滑压伤人员。
4. 艇未浮于水面之前不得拔掉释放钩上的安全销和释放手柄。
5. 在释放首缆之前，必须首先释放释放钩。对于配备其他缆绳的快速救助艇应特别注意脱钩和松开缆绳的顺序：脱开释放钩后，先收回尾缆，然后收回首缆，最后解掉其他缆绳。在降落及回收快速救助艇时，应快速脱钩并解掉各种缆绳。艇员在艇首的时间应尽可能缩短。如条件可行，应调整船舶航向，使降落快速救助艇的一舷处于下风水面，船速应保证在快速救助艇降到水面后，快速救助艇有适宜的舵效。
6. 使用舷内发动机的快速救助艇，应在空中启动艇机，但离水运转时间不得超过5 min；使用舷外发动机的快速救助艇，在艇未浮于水面之前不得启动。
7. 使用舷外机的快速救助艇，艇长应注意艇机的位置，防止在放艇过程中损坏艇机。
8. 艇离开母船时，舵角不得过大，防止损坏舷外机或使救助艇倾覆。

二、收艇

1. 艇在吊离水面之前，必须系固首缆。收艇时，挂钩和系缆的程序：先系首缆、尾缆，后挂释放钩；
2. 所有艇员必须坐在指定位置并系好安全带；
3. 在艇吊离水面时，应检查释放钩和安全销是否处于锁紧状态，艇体是否平衡；
4. 如果吊艇架上装有托架，操作者在放置托架时，应注意身体的任何部位均不能放在艇底和托架之间，以免意外受伤；
5. 在吊艇作业期间，救助艇和母船之间应保持畅通的通信联络；
6. 救助艇收回复位后，应系好各种索具，固定救助艇；
7. 艇上人员应按照受伤人员、妇女、儿童的顺序，依次离开救助艇。

第三章 扶正倾覆的快速救助艇

第一节 倾覆的快速救助艇

倾覆（Capsize）的快速救助艇是指由于各种因素相互作用而使得艇处在非正常漂浮状态，人员无法正常乘坐、操作及完成救助艇的各项功能。快速救助艇倾覆后人员落入水中，会对人员生命安全构成严重威胁，因此应设法避免发生倾覆事件。艇员必须了解艇何时可能发生倾覆以及应当采取的应对措施。艇长应不断地评估周围情况以保证艇员和其他处于危险中人员的生命安全。

一、倾覆原因

艇在深海和开阔水域倾覆的概率相对较低，但在拍岸浪（Surf）或碎浪（Breaking sea）中或其附近水域操纵时，其倾覆危险明显增加。致使艇倾覆的力量主要是来自艇尾或者艇正横方向巨浪的猛烈袭击，因此，在海况未改变之前应设法保持艇漂浮在海面。对于大多数救助艇而言，保持艇在大风浪中停滞通常是最安全的，任何操作和拖带作业都不得超过艇员和艇的承受能力。

1. 许多倾覆事件发生在下列一些场合

（1）艇在拍岸浪或者碎浪中航行时

当碎浪由正横方向袭来接触艇体时，会将艇的一侧托起。在多数情况下艇不会倾覆，不过存在倾覆的可能性。顶浪航行的救助艇失去动力或动力不足，当遇到巨大的碎浪时极易将艇向后推动，一旦进入浪谷时会出现艇首围绕艇首柱转动而造成倾覆，这种类型倾覆的危险确实存在，而且往往非常猛烈。

（2）艇在浅水中航行时。

（3）顺着强海流航行的艇迎面遭遇很强的潮汐流时。

（4）护航或拖带另一艘艇的过程中。

（5）黑暗、雨或雾使能见度受限时。

（6）油舱内燃油减少或艇上超员致使救助艇的稳性下降时。

2. 快速救助艇倾覆的原因

快速救助艇倾覆经常发生有下列几种情况：

（1）在正横方向遭遇碎浪或艇首迎浪时航行突然失去了动力。

（2）迎着强风航行，操纵不当使艇向后倾覆。

在强风中操艇时，快速救助艇一般可以平稳渡过强风（这主要取决于受风情况和救助艇的类型）。最好使艇尾舷部受风、迎浪，一旦艇倾覆，也容易离开。

（3）在拖带过程中，拖带作业有时会造成救助艇倾覆，拖带柱高度超过甲板是造成这种情况主要原因之一。如果拖带柱高度超过甲板，作用在艇体的力量巨大，保持拖缆沿艇首、尾方向成一条直线可以减小倾覆的危险。救助艇和被拖艇航行过程中，应避免拖缆位于救助艇的正横方向，特别是在不利海况下进行拖带过程中。

（4）高速航行中的快速救助艇突然大幅度快速转向，容易出现严重横倾而倾覆。

（5）刚性艇体充气式快速救助艇迎浪航行时，当其充气护舷前端进入浪中而减慢速度使得艇首柱偏向一侧时易出现倾覆的危险。

（6）高速航行中突然停车。

二、防范措施

艇员应随时观察周围海况，及时判断是否存在艇倾覆的危险。即使救助艇在大风浪中倾覆，若艇体状况完好，艇也可以保持很长时间不会沉没。只要艇员不惊慌失措，就有时间撤离，但必须事先了解下列事项：

1. 了解艇体内部情况：艇倾覆后，如果没有适当照明，位置颠倒会使艇员初期感觉困惑；

2. 固定所有松散器材，开启相关设备以便撤离；

3. 熟悉所有救助设备的使用方法和存放位置，定期检查这些设备，使其处于良好的备用状态；

4. 为防止被浪卷走，应做好抓住牢固支撑物的准备。

三、撤离

快速救助艇倾覆时艇员出于本能会抓住艇体留在艇内，这意味着在倾覆时艇员刚好位于艇下。若可能，艇员在倾覆过程中应尽量降低重心以减小冲击保护好自己。有些快速救助艇是自行扶正的，所以在艇扶正之前艇员被困在艇内也就是几秒钟的事情；然而有的快速救助艇是不能自行扶正的，艇员受困于艇内时应保持镇静，按照平时的训练采取相应行动。

如果被倒扣在艇内，艇员应设法找到头顶附近（即倾覆艇的艇底）存有空气的空间，并聚集于此，制定安全的撤离方案。选择撤离路线和参照物，注意向下观察，或许可以看见灯光，则立即撤离。

努力争取逃生，艇破损可能沉没，空气也可能被耗尽而不再具备呼吸条件。

在准备逃生行动之前，检查是否携带必需的救生设备，特别是漂浮设备和信号装置。艇员穿的气胀式救生衣很可能已经自动充气；而他们穿的抗暴露服本身也具有固有浮力。不管是救生服还是救生衣的浮力都会给受困人员从艇内逃离带来困难。

可以考虑临时脱下个人救生设备,以便人员在水下游泳到达出口。需要时,可以用绳子将个人救生设备绑好,逃出艇体之后再将其收回使用。受困人员逃离艇的唯一办法是先游到艇侧,抓住舷侧救生索,然后采用脚向下蹬的动作带动身体越过护舷。到达艇外后不要随手松开救生索。

若艇机仍在运转,则应避免向后方游动。

如果抓到了艇尾板,应向下游动越过艇缘,沿着艇体浮出水面。

四、浮在倾覆救助艇旁

从倾覆的救助艇内游出的艇员,必须设法停留在艇边或其他可看到的漂浮物旁。艇员应集结在附近的下风海面,组织人员尽快扶正倾覆的救助艇并重新登艇。如果周围有救生艇、筏,也可暂时登上救生艇、筏等待时机扶正救助艇。

第二节

扶正快速救助艇

一、快速救助艇的扶正性能

《国际救生设备规则》(LSA Code)规定:

1. 对于非自行扶正的快速救助艇

(1)快速救助艇在水中倾覆后,应能在不超过2人的情况下将其扶正。

(2)如装有舵手应急释放装置,在扶正快速救助艇和该装置复位以后,发动机应容易再次启动。

(3)发动机的燃油和滑油系统的设计应能避免燃油或滑油从推进系统流失超过250 ml。

2. 对于具有自行扶正功能的快速救助艇

(1)没有艇员帮助,快速救助艇必须能够自动恢复到正浮状态。

(2)除非装备自动停止装置,快速救助艇在倾覆时,发动机应继续运转,直至使用舵手应急释放开关停车为止。

(3)在舵手应急释放开关复位后,发动机应能重新启动。

(4)发动机的燃油和滑油系统的设计应能避免燃油或滑油从推进系统流失超过250 mL。

二、依靠扶正装置扶正快速救助艇

快速救助艇,例如刚性艇体充气式快速救助艇具有较好的稳性,驾驶这种艇的艇员在恶劣海况中出海的概率较其他艇大,因此其倾覆危险性相对较高。由于救助艇倾覆对人员生命构成严重威胁,操纵快速救助艇的艇员必须掌握扶正倾覆救助艇的基本方法。

1. 扶正装置的类型

快速救助艇大多在艇尾设有扶正装置。在艇倾覆时,这种特殊设计的结构可使翻转中的快速救助艇的重心提高,使其处于不平衡状态,在复原力矩的作用下自行扶正快速救助艇。救助艇的扶正装置主要有刚性和气胀式两种类型。

(1)刚性扶正装置是安装在艇尾附近、用玻璃钢材料制成的大型充满泡沫的拱形构件。

(2)气胀式扶正装置由安装在艇尾的金属支架、充气袋、二氧化碳钢瓶和充气拉索等组成,主要安装在刚性艇体充气式快速救助艇上,如图3-1所示。一旦启动二氧化碳钢瓶,充气袋在12~30 s内充胀成型,快速救助艇很快就会被扶正。

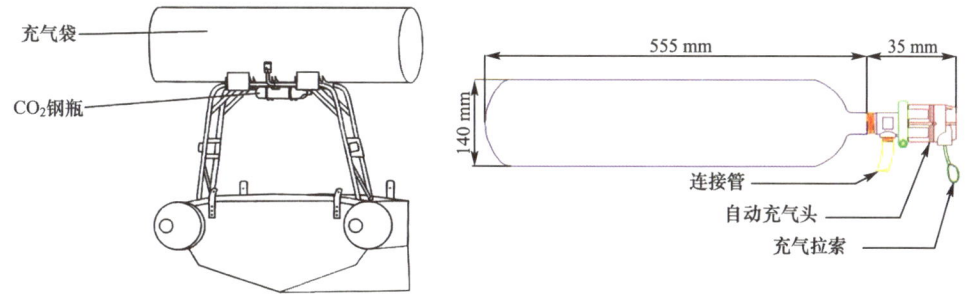

图3-1 气胀式扶正装置

2. 扶正快速救助艇的一般程序

每艘具有自行扶正性能的救助艇均有一套特殊的扶正程序,所有艇员必须熟悉这些程序,随时做好应急准备。

相对于气胀式扶正装置而言,刚性扶正装置使用起来更简单方便。艇倾覆后拱形扶正装置将艇底在水中托起,提高艇的重心使其处于不平衡状态,艇很快就会自行扶正。下面介绍气胀式扶正装置的使用方法。

通常,气胀式扶正装置被设计成手动触发充气的形式,而并非严格意义上的完全自动。一旦启动该系统,救助艇很快被扶正,如图3-2所示。当艇长不在艇上时,每位艇员都有责任启动该系统以便扶正救助艇。

图3-2 扶正倾覆的快速救助艇

扶正训练程序如下,如图3-3所示。

(1)检查受伤人员和艇上人员的数量。

（2）将所有艇员集结在艇尾板附近，尽量停留在救助艇的下风舷，使艇漂向人员集结的方向，而不是远离。

（3）艇长在艇尾板系上安全绳并将其放出直至绳子拉直，其他艇员应协助艇长完成此项工作。

（4）一旦艇员顺着安全绳离开艇后，艇长用力拉动充气手柄，启动充气钢瓶向充气袋充气。扶正装置一经启动，艇长应立即拉紧安全绳游开。

（5）待充气袋中的气体压力达到一定数值时，充气袋将完全胀开，救助艇在充气袋的复原力矩的作用下会迅速扶正。拉动充气手柄至救助艇完全扶正的时间大约需要 28 s，不同的艇的扶正时间会有一些差别。

注意：在启动自扶正系统之前所有人员必须离开救助艇，位于救助艇的下风方向，因为艇一旦扶正，其充气袋将使艇向下风漂移。

（6）救助艇一经扶正，艇员必须尽快抓住救助艇，然后开始登艇。在登上快速救助艇的过程中，艇员可以利用舷外机协助登艇，但不要直接登上艇机。先登上艇的艇员应帮助其他人员登艇。

注意：如果没有拔掉安全栓，气胀式自扶正系统将不能启动。

图 3-3 扶正倾覆的快速救助艇的过程

3. 艇员登上快速救助艇以后的行动

（1）不要放掉充气袋内的气体。如果由于天气海况很差的原因致使救助艇倾覆，艇有再次倾覆的可能。如果放掉充气袋内的气体，就将难以应对这种情况。当然，如果确认救助艇不再存在倾覆危险，可以放掉充气袋里的气体。

（2）检查艇员数量和受伤情况。

（3）利用电台发出求救信号。

（4）如无法与外界建立直接联系，应开启应急无线电示位标。

（5）施放海锚，收回安全绳。

（6）应记住尽管有救生视觉信号，但必须正确使用它们。

（7）气缸很可能进水，除水方法是拔掉火花塞，倒扣发动机排空积水。然后装上火花塞,供上燃油,启动艇机。这种步骤只有在条件允许的情况下方可进行。

注意:水可由排气系统进入发动机化油器和气缸内,所以必须倒扣发动机 10~20 s,水会从火花塞孔流出。如果倒扣发动机后没有流出水,应向化油器泵油。若还是不能启动发动机,应采用手动启动。

三、人工扶正倾覆的快速救助艇

对于没有自动扶正装置的小型快速救助艇,艇员可以借助艇首和艇尾的缆绳,利用杠杆的作用直接下水扶正倾覆的救助艇,其扶正方法如下:

1. 挑选一至两名游泳水平较高、身体素质好的艇员准备扶正救助艇。

2. 解下救助艇的首缆,然后对折首缆,绳干系到上风艇缘的艇中附近的羊角上,再把两个绳头越过龙骨向下固定于另外一侧的艇缘上。确认这些绳索在艇体艇缘、龙骨和救生索的外侧,留在艇底绳索的长度应适当。如果艇上安装了尾缆,也可把艇首和艇尾的缆绳从倾覆艇体的一侧引到另一侧。为达到最佳的杠杆效果,绳子在绕过艇底前应先穿过远端艇体扶手或救生索。如果是充气式护舷,应尽量把扶正艇的人员准备站立一侧的护舷放气。这会使得此舷更重,有助于扶正操作。

3. 艇员应由救助艇的下风接近并攀上救助艇,双手拉住缆绳,双脚站稳,身体用力后仰,将艇扶正。两人扶正时,安排一人抓住首缆,另一人抓紧尾缆。待两人抓住绳子后一起后仰,艇体开始翻转。继续用力后仰,直至艇扶正至正浮状态,一名艇员应迅速登艇并在他人登艇时尽力保持艇体平衡。然后重新给护舷充气,排除艇内积水使艇更稳。

注意:当艇与水面接近垂直时,应迅速松开双手,用力蹬水快速游开,以防止被压到艇下。

第四章
快速救助艇的操纵

第一节
操艇的基础知识

操艇是控制艇在水中运动的技术。操艇人员按照艇的操纵性能和车、舵效应,结合风、水流和波浪等客观条件,运用艇推进器、舵和缆绳来实现保持或改变艇的运动状态的目的。

一、作用在艇上的外力

风、水流、波浪等外力都会影响艇的运动状态,从而给操艇带来有利和不利两个方面的影响。趋利避害始终是操艇人员正确对待外力影响的基本原则。经验丰富的操艇人员能够自如地掌握这些自然界外力并充分运用它们,使艇始终处于最佳的运动状态。

1. 风

在操艇中,风总是一个非常重要的因素。风作用于艇体、驾驶台和操艇人员的身上,风作用的所有表面称作受风面。艇在风的作用下向下风方向漂移,其漂移速度与风速、受风面积和风舷角等呈一定比例关系,风致漂移的方向或者角度取决于艇体受风面积中心和艇体水下部分水阻力中心的相对位置。若艇首吃水小于艇尾吃水,风对艇首的影响远远超过对艇尾的影响,当处于这种状态下系泊的艇遭遇突然的阵风时,艇首可能会快速冲向码头。

掌握风如何影响操艇是非常重要的,尤其在近距离靠近各种目标的场合,例如系泊、在水中收回物体或近距离操纵艇靠泊另一艘船艇。

2. 水流

水对航行中的艇产生阻力,水流作用于水面以下的艇体。风使得艇在水面向下风方向移动;水流则造成艇对地漂移。强流很容易使艇迎风漂移。

应掌握水流方向,以便在有水流影响艇只时能够做好相应准备,尤其注意存在水动力的场合。在风的作用下,如防波堤或码头等大型静止的建筑物会造成水流方向和流速发生很大改变,因此,必须注意在浮码头或用桩支撑的开敞码头周围的水流情况。近距离接近浮筒和锚泊船应谨慎,通过察看浮码头或码头周围的水流痕迹或流动形式掌控水流影响,观察水流对其他艇的影响。

3. 波浪

波浪是风作用在水面的产物。波浪以不同方式影响着操艇,这主要取决于波浪高度、波浪方向和每艘艇的特性。艇只随时对波浪运动做出反应,特别是纵摇会使原本在水下的部分艇体暴露于风中。在这种情况下,这部分艇体因缺少阻止其下降运动的支撑而使得处于浪峰的艇首或艇尾易于偏向下风。

4. 外力的综合影响

周围海面状况可能从风平浪静转变成狂风恶浪,即使不在这种极端场合,外力对操艇还是有很大影响的。应了解风和水流对操艇的综合作用,确定何种因素对操艇影响更大。在风速达到某种程度之前,水流对一艘艇的影响可能更大;但当风速超过一定数值时,艇就会像一只风筝一样漂航。应了解遇到突发阵风后会出现什么后果:艇是立即偏转还是抵抗风力后开始转向?这些都要心中有数,及时判断谨慎操艇。若风、流方向相反,波浪的波形变得更加陡峭,和相邻涌浪更接近,操艇时应特别谨慎。强风、流和浪都会影响操艇。艇长必须全面考虑这些外界因素对操艇的影响,并能充分利用这些条件。

二、艇的推力和舵力

(一)概述

1. 推力

螺旋桨正车旋转推水向后,被推的水给桨叶一个反作用力,这个反作用力在艇首方向的分量就是推艇前进的推力。倒车时,水对桨叶产生一个指向艇尾的反作用力,该反作用力在艇首尾方向的分量称为倒车推力或拉力。当推力大于阻力时,救助艇做加速运动;反之,救助艇做减速运动;当二者大小相等时,救助艇做等速运动。螺旋桨驱动艇向前或向后的推力称作纵向(轴向)推力。

因"螺旋桨致偏效应",旋转的螺旋桨还会产生使艇侧向移动的横向推力。对于绝大多数右旋螺旋桨(正车时,从艇尾向艇首看,螺旋桨顺时针旋转产生推力)而言,正车时横向力使艇尾出现向右偏转的趋势;倒车时则出现艇尾向左偏转的趋势。艇首与艇尾转动方向刚好相反。艇的推力与舵力如图4-1所示。

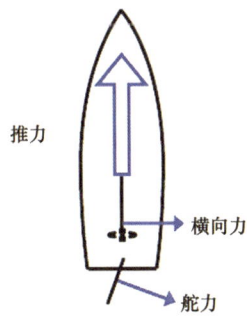

图 4-1 艇的推力与舵力

进车航行,可不必过度关注横向力,因螺旋桨冲向舵叶上的排出水流而产生的纵向力远大于横向力的影响。倒车,特别在低速航行时,舵叶上没有螺旋桨产生的排出流,舵效变差,横向力在舵效中占主导地位。倒车操作时,或许只有用舵抑制横向力才能使艇保持在航线上。对于在受限水域的单桨艇,操艇人员掌握横向力致偏方向及其影响非常重要。

2. 舵力

艇前进中正舵,舵叶两边的压力几乎相等,不产生任何转艇舵力,艇沿直线行驶。在向左或右转舵后,舵叶两侧压力一侧增大,另一侧减小,迫使艇尾转向一侧,而艇首向另一侧转动。进车时排出流增大了水通过舵叶的速度,因而增加了转舵一侧的压力,增强了舵力。倒车时,舵处于螺旋桨吸入流中,通过舵叶的水流没有增强,因而几乎没有舵力。只有当艇体快速后退时,流过舵叶的水流较快,才开始有舵力。

(二)快速救助艇上的推力与舵力装置

小艇传递推力与控制方向的三种常见形式:第一种是由舷内机、尾轴和螺旋桨等组成的推进装置与控制方向的舵分开单独布置;第二种是将推进装置和控制方向装置整合成一体布置,如舷外机或艇尾机;第三种是由舷内机驱动的同时提供推力和方向控制的泵设备,也称作喷水推进。快速救助艇主要采用后两种推进与控制方式,它们虽然没有安装用来控制方向的平板舵,但它们都可以通过改变排出流方向而产生使艇转向的舵力,因此这两种动力与方向控制装置也称作导向推力装置。

1. 舷外机

舷外机安装在艇尾,通过转轴齿轮装置,螺旋桨可以在水平方向转动,斜向推进,推力方向最大可偏开首尾线 35°~45°,因而可以取代舵叶的作用。舷外机向左或向右改变方向时,推力指向该方向,使艇尾绕转心向相反方向旋转,艇体转向。另外,操作人员还可通过调整舷外机推进角度改变艇体在航行中的纵倾角,达到快速提高艇速的目的。

(1)推力和舵力

舷外机在螺旋桨下面有一个小型舵叶(机脚),而且水线以下齿轮箱上面的机壳也呈纺锤形,如图 4-2 所示。虽然这些特征有助于控制方向,但舷外机舵力主要来自于螺旋桨的排出流。当施以一定舵角时,艇尾排出流偏离首尾线产生推艇前进或后退的动力,同时也形成艇尾转动的舵力。在向前推进时,这种方向性推力提供的方向性控制极为有效。但在螺旋桨停转时,会失去有效舵力。

图 4-2 舷外机水下部分

(2)螺旋桨横向力

运转中的舷外机会产生横向力使艇首偏转,但通过调整排出流方向完全可以抵消横向力的影响。倒车后退时,可通过控制舷外机的推力方向使艇尾转向。倒车时"左满舵",螺旋桨横向力会产生向前运动分量,但可减小舵角抵消。倒车向右后退时,螺旋桨横向力会产生向后运动分量,同时也会产生减缓艇尾向右运动的分量,如图 4-3 所示。

图 4-3　抵消横向力

许多舷外机后部上方装有偏航调整片,使其稍稍偏离首尾线一个角度,可起到抵消横向力的作用,尤其在高速航行时效果更加明显。

(3) 空泡现象

因舷外机倒车时吸入流上方没有艇体遮挡,经常会出现严重空泡现象。舷外机螺旋桨毂往往是中空双层桨毂,发动机产生的废气通过桨毂的中空部分排放到桨后面的水中。倒车的吸入流会将废气空泡向前吸入螺旋桨处,因而也增加了空泡现象发生的可能。虽然螺旋桨上方有防空泡的阻气板,但作用有限。操纵中,应注意避免发生严重空泡现象,特别是在倒车或加大油门操纵时。

2. 喷水推进装置

喷水推进装置有一个安装在机壳内由发动机驱动的叶轮,叶轮转动将水吸入再经喷管将水排出。喷水推进装置的进水口位于喷管的前方,通常安装在靠近艇尾的艇底处。排水喷管安装在艇体低处,经尾板伸出艇外。喷水推进装置进水口的横剖面比喷管大得多,而进入进水口的水量和经喷管排出的水量却一样,因此,在喷管处的水流一定比进水口处的水流更强劲,水压更大。喷水推进装置是一种方向性推力驱动装置。

(1) 推力和舵力

艇的操纵喷水推进方式是通过控制喷管引导的推力来实现的。前进时,推力直接向后;转向时,喷管转动(如同一台艇尾机)以提供转动艇尾的横向推力;后退时,在喷管后面放下换向导流装置并产生指向前方的推力,如图 4-4 所示。有些喷水推进装置上安装有类似于舷外机上的纵倾角控制件,借助它,可以稍微向上或向下调整推力方向以抵消艇上载荷变化或改善航行状态。

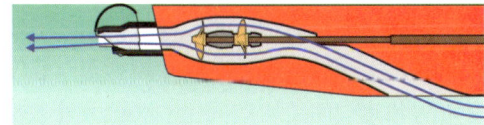 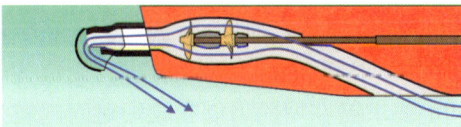

图 4-4　进车和倒车示意图

虽然个别喷水推进装置上有一个小型航向叶片,但大多数情况下采用喷水方式推进的艇主要依靠由喷管引导的推力控制艇的方向。高速行进中的喷水艇,当大幅度降低发动机转速时,即使转动舵轮,艇也不会改变方向。在上述两种驱动方式中,喷水推进装置是在没用动力时,唯一失去方向控制的推进装置。

(2) 无横向力

由于喷水推进装置的叶轮全部封闭在水泵机壳内,不会产生推进器横向力,因此对于装备此类推进装置的艇,控制推力方向是使艇尾向左或右转向的唯一方法。

（3）空泡现象

喷水装置叶轮上的叶片以极高速度旋转,它发生空泡现象的程度一般较外置螺旋桨高得多,而且没有损失有效推力。因叶轮转动不改变推力方向,频繁从前向后移动的动作不会形成空泡现象。然而,随着向后运动的推力抵达喷水推进装置的进水口,空气带进喷水装置会造成有效推力某种程度的下降。对于所有类型的推进器,均应减慢叶轮直至摆脱空气影响,以降低空泡现象的影响。

三、制动、舵效和转心

不论是在开阔水域还是在狭水道等受限水域,操纵快速救助艇时,必须熟悉艇的操纵性能和特点。

1. 制动

舷外机用螺旋桨代替了通常的艇舵,具有明显和实用的优势,甚至在低速时救助艇仍然具有一定舵效。然而,一旦停车,很快就会失去控制艇的能力。通过减速、空挡,然后合上反向齿轮,可以实现紧急制动。由于水是液体,产生的阻力较小,紧急制动不会立即停止艇向前的运动。一旦开出倒车,艇将减速,如果有足够反向拉力,艇就会向后移动。

对于采用喷水推进的快速救助艇,尽管没有换向齿轮箱,喷泵装置上的换向变流装置可提供强大倒车拉力,但必须谨慎使用,因艇向后退时,艇尾板附近会出现波浪。对于小型艇,过快的后退速度易使波浪越过艇尾板而导致艇内进水。通过降低倒车速度或调整艇尾板高度可避免出现这种情况。

另外,高速行驶的艇突然停车(例如高速行进的艇突然放下换向变流装置)会引起艇首下沉,有时还会出现水没过艇首导致艇内进水的现象。封闭的艇首、适当避风或者利用倒车拉力控制艇速可避免出现这种情况。紧急制动会使艇急剧减速,因此在操作前应先行通知艇上其他人员。

2. 舵效

舵效泛指运动中的艇,因操舵而造成的动态变化效应。它应包括由操舵带来的诸如控向效应、横移效应、横倾效应,以及减速效应。不论哪一种效应都是动态的效应,综合起来称为舵效。在实际操艇中,通常所说的舵效是狭义上的舵效,指的是对运动中的艇,施以任何一个舵角后,艇在一定时间、一定水域内,艇首转过角度的大小。艇首如能在较短时间、较小水域内转过较大的角度,则称为舵效好;反之,则称为舵效差。舵效好,不仅从时间上要求艇在用舵后能在较短时间内转过较大的角度,而且从空间上(水域大小)艇也能在较小水域内有较大的回转角。

实际操艇中,影响舵效的因素较多,除艇自身操纵性能之外,还与外界操艇环境、艇自身运动状态、操艇方法等因素有关。

3. 转心

对运动中的艇,施以一定舵角后,艇一方面以一定速度航行,同时又绕通过某一点的竖轴而旋转运动,这一点就是艇的转心。艇进车时,转心大约在距离艇首1/3艇长处。如果满舵进车,约1/3艇体向用舵方向转向,余下的艇体则向相反方向旋转。

倒车时,转心向艇尾移动。满舵倒车时,从艇尾到1/3艇长的艇体向用舵方向转动,余下的部分向相反方向旋转。

四、载荷对纵倾和横倾的影响

如果将载荷放在过于偏向某一舷处,艇就会向此舷横倾;如果将载荷放到靠前的位置,艇首就会下沉;如果将载荷放到后面,就会造成艇尾下降。应确保固定妥当艇上所有载荷,防止它们移动影响艇的漂浮状态和航速。

过分横倾,容易使艇处在可能倾覆的危险之中,特别是在航行时。横倾艇遭遇强风激流可引发艇内物品移动和碰撞,加重横倾程度,甚至直接造成艇倾覆。

首倾的艇航行速度慢,容易上浪,操纵困难,航行需要更多的动力。在这种情况下,油耗必然增加。

过大的尾倾,不仅使艇体遮挡驾驶人员视线,也使得艇在水面滑行困难,操纵性能下降,油耗也随之上升。在极端情况下,艇还可能突然向后翻扣。

五、艇体的纵倾角与推力倾角

快速艇初始加速的过程,实际上就是艇体逐渐抬离水面的过程。为使艇在短时间内迅速由排水阶段顺利过渡到滑行阶段,必须保持艇适度纵倾。纵倾角是艇体相对于水面的纵向夹角,通过调整推进器的推进角度和调整艇上的载荷可改变艇体纵倾角。当处在最佳纵倾角时,艇表现出具有灵敏的操纵性能,感觉艇好像悬浮在气垫上。在此纵倾角下,艇耗油低,更稳定,操控简单并且速度更快,如图4-5所示。

图4-5 最佳纵倾角

推力倾角是舷外机机身相对于艇尾板的角度,调整发动机的推力倾角可改变艇的纵倾角,也就是改变了艇体与艇首兴波的接触位置。使用遥控盒上的电动倾斜开关或直接调节驱动装置底座上的纵倾调节杆可以改变发动机推力倾角。如果向上倾斜舷外机(即舷外机离开艇尾板),可加大推力倾角使得艇尾下沉、艇首抬起;减小推力倾角(即舷外机移向艇尾板),则相反。艇一旦进入稳定滑行阶段,艇的纵倾角和动力输出均达到最佳值,艇体在水中的部分最少。

纵倾角过大:处于滑行状态的救助艇,如果继续增加推力倾角或者向上调整舷外机,则需要输出更多的动力保持艇体高出水面。假如艇的动力充沛而使更多的艇体上升离开水面,艇将趋向于不稳定。若出现下面两种情况,表明艇的纵倾角过大:

跃水现象(纵向跳跃):即使在平静的海面,艇首依然上下颠簸起伏;

舯部弹起:伴随不断加快的摇摆频率,艇在由一舷向另一舷横摇时猛烈弹起。

当出现舵效变差反应迟缓、首波仍然位于艇首处时,表明艇的纵倾角不足,艇像推雪车一样推开大量水,从而不能在水面滑行。

此外,通过调整载荷也可改变艇的纵倾角。对于小型艇,我们一般有可移动配载(人员),调整艇上人员的分布可以改变艇的平衡。当开始加速时,向前移动载荷有利于艇首爬升越过艇首波。一旦艇首抬升滑行,应向后移动载荷使艇首上倾。如果配备了动力纵倾装置,应首先下倾舷外机;当艇体上升滑行时,再向上倾舷外机至最佳角度。

第二节
操纵快速救助艇

一、救助艇发动机的基本操作

启动艇机前,艇长应确保快速救助艇安全系泊、艇员做好准备。启动发动机之前应保证它位于"空挡",不同的发动机对启动和热车有不同的要求,许多舷外机在启动之前要求调整阻气门或泵油。大型舷外机装有将燃油喷射至化油器的启动注油泵;小型舷外机在化油器上装有阻气门,启动艇机时关闭,启动之后打开。

(一)艇内机的基本操作

1. 启动前的检查

(1)风机。若艇上装备了排气风扇,应在启动发动机前运行风扇。

(2)视觉检查。检查皮带和各种管子是否存在切口、裂缝或磨损,查看燃料或冷却液是否渗漏。

(3)燃油。应准备足够航行所需的燃油,另外还需储备20%油箱容积的富余燃油,开启油箱阀。

(4)燃油滤器。有的艇在油路中装设了透明的油水分离器或滤器,可根据水或污垢的情况进行处理。

(5)机油。用油尺检查机油的油位,及时添加机油使油位介于"上限"刻度和"下限"刻度之间。

(6)齿轮油。用油尺检查齿轮油的油位,油位应介于"上限"刻度和"下限"刻度之间。

注意:有些齿轮油的油位只有在发动机运行时才能检查。许多齿轮箱需用专用的润滑油,不能用普通机油代替。

(7)冷却水滤器。关闭冷却水阀,拆下滤器将其清理干净后,重新装好滤器,然后打开冷却水阀。

(8)淡水水位。有的发动机有淡水冷却系统。打开水箱盖子加入水和防冻液至离水箱口50 mm处即可,盖紧水箱盖。

(9)电池开关。启动发动机前,接通电池开关。发动机运行期间不要关闭电池开关。

(10)艇尾填料盖注油装置(如有)。很多艇装有艇尾填料盖注油装置,应旋紧加油盖。

(11)确认推进装置周围没有绳索、杂草、鱼线或塑料袋等杂物。

艇内机启动之前的检查项目,如图4-6所示。

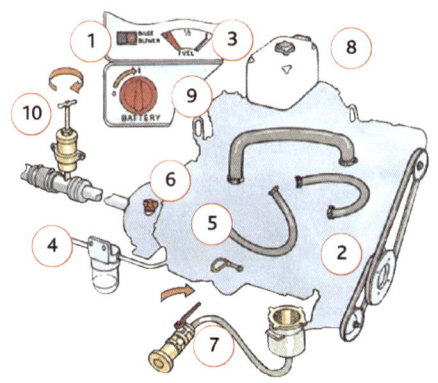

图 4-6　艇内机启动之前的检查项目

①—风机;②—视觉检查皮带;③—燃油;④—燃油滤器;⑤—机油油位;⑥—齿轮油位;
⑦—冷却水滤器和阀门;⑧—淡水水位;⑨—电池开关;⑩—艇尾填料盖注油装置

2. 启动主机

(1)救助艇的应急熄火开关复位,应急熄火绳的另外一端系在驾驶员身上。

(2)救助艇设有两套电源开关,将其中的一套开关转至开的位置接通主电源。

(3)按下绿色的主机启动按钮,时间不要超过 10 s。

(4)如果主机没有启动,且蓄电池正常,应松开启动按钮,等待 5 s 后重复上面的启动步骤。在第二次启动主机前,必须让主机马达冷却至少 5 s。

(5)如果主机没有启动是因为蓄电池的损坏,可以打开另一个主电源开关,重复上面的启动步骤。

(6)如果蓄电池正常,主机在启动 5 次后都没有成功,必须停止启动主机,查找原因。在主机正常运转的情况下,严禁按下主机启动按钮。

3. 主机启动后的检查

(1)启动发动机后,应立即检查是否有冷却水自排水孔排出。若没有水,不得运转发动机,否则不但会造成发动机过热,而且还可能严重损坏水泵。如果没有排出冷却水,应立即关闭发动机,查找原因。其原因可能是:

杂草堵塞了进水孔;

塑料袋挡住了进水孔;

泥或杂物堵住了进水孔;

发动机浸入水中的深度不够;

水泵损坏或出现故障。

(2)在航行前,空挡慢速热车。

4. 主机启动后的操作

驾驶员可以通过位于救助艇中后部的驾驶台上的操控装置来操纵救助艇。

(1)主机启动后,慢慢地推动主机节流手柄使主机急速运转,直至主机温度升至正常值。

(2)检查主机排烟管,主机排出的冷却水应连续平稳,否则必须查明原因。

(3)当主机运转正常时,驾驶员可以增加主机转速至1 500~1 800 r/min(注:装备不同型号喷水推进装置的艇,能对其进行操控所对应的发动机最低转速是不同的,请查阅用户手册)。

(4)在紧急情况下,驾驶员可以迅速将主机运转至全速。

(5)驾驶员将喷水推进装置的换向手柄向前推,救助艇前进;向后拉,救助艇后退。

主机的转速保持在1 500~1 800 r/min时救助艇可以获得最佳操纵性能,此时的倒车变流装置可以用来控制艇的速度。如果主机的转速过低,救助艇在风浪中将很难控制。

5. 停机

驾驶员将主机节流手柄拉回至主机转速1 500~1 800 r/min的位置,此时驾驶员可以通过操纵喷水推进装置控制手柄和舵轮来控制救助艇,驾驶员减小主机油门至怠速,并按下红色的停机按钮。

(二)舷外机的基本操作

1. 启动前的检查

(1)定位夹子和螺丝。舷外机用夹紧托架和螺丝安装在艇尾板上,机身应和艇龙骨安装在同一平面内。不同艇的尾板高度是不一样的,舷外发动机尾轴长短也不尽相同。安装的发动机必须选择高度适合的尾板。如果错误安装发动机,就会降低发动机的工作效率。如果螺旋桨过于靠近水面,螺旋桨周围容易吸入空气,就会产生所谓的"空泡"现象。"空泡"现象将严重降低发动机的输出功率。启动发动机前,应确认舷外机牢固地夹在艇上或用螺丝固定在艇上。

(2)燃油。油箱内的燃油必须足够航行所需并留出一定富余量。燃油不足应及时补充,但油箱不得全部加满油,应预留大约油箱10%的容积。因为温度升高燃油体积膨胀,如果油箱完全充满,在压力作用下就有可能造成燃油溢出。添加燃油时,应远离热源、火星和明火焰,确保燃油干净、无杂质。移动式油箱不得长时间存放半箱燃油,因为油中容易混入水汽及藻类生长。为避免燃油漏到艇上,应在岸上加油,然后将油箱固定在艇上以防移动。另外,艇员应切记每次加油之前必须停机。

(3)机油。缺少机油会造成发动机过热,甚至出现活塞卡滞现象。过量的机油会使火花塞积炭而冒蓝烟及发动机严重积碳。这两种情况均可导致发动机故障,因此必须保证发动机内有适量的机油。

二冲程发动机需要曲轴箱参与压缩做功,因此不可能制成机油循环系统。其使用的润滑油是由汽油和机油按一定比例混合而成的混合油。艇员务必使用船用二冲程机油并按正确的比率与燃油混合。四冲程舷外机像汽车发动机一样带有内置的油底壳。用油尺检查机油油位,根据情况添加专用机油。

(4)控制装置。将舵轮由一舷满舵转到另外一舷满舵,将离合器操纵手柄由进车拉到倒车位置,确认各项操作均正常。

(5)螺旋桨。螺旋桨周围应没有绳索、杂草、鱼线或塑料袋等杂物。

(6)燃油管。燃油管两端分别连接到发动机和油箱专用插座上,如图4-7所示。燃油管应完好无损且有足够富余长度,没有扭曲等现象。燃油管接头应洁净和正确安装。

(7)燃油滤器。若装设了燃油滤器,应检查滤器装置是否脏了或有水,并根据情况及时清理。

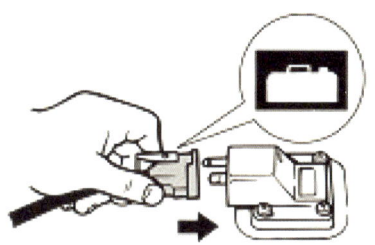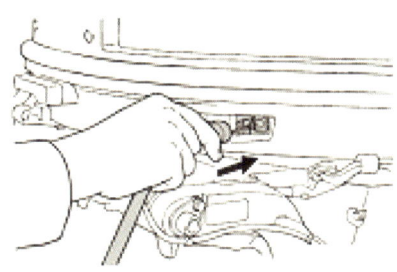

图 4-7　燃油管两端接头分别连接油箱和艇机

（8）带有油箱的小型艇机，应开启燃油塞。

（9）油箱透气。有些燃油箱在油箱盖上设有一个气孔螺丝。在启动之前松开螺丝，不用时则应关闭，如图 4-8 所示。

图 4-8　油箱（左图）和手动油泵（右图）

（10）电池开关。若舷外机连接艇上电气装置，应合上开关接通电路。

（11）若配备了手动油泵，应反复挤压手动油泵，直至感到握实为止。

（12）应急熄火绳。若舷外机装有应急熄火绳，应将锁定板与发动机制动开关牢固地固定，并将应急熄火绳另外一端系在腿上或手腕。测试其状况。

舷外机启动之前的检查项目，如图 4-9 所示。

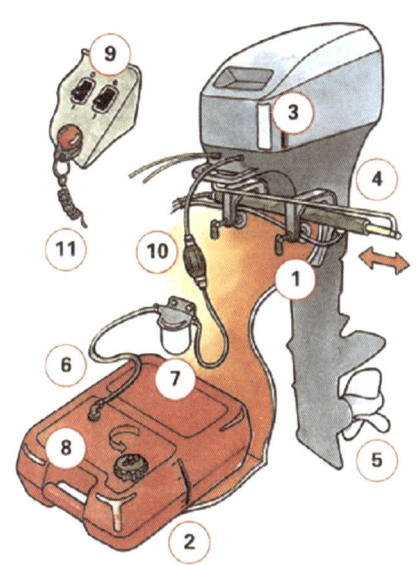

图 4-9　舷外机启动之前的检查项目

①—夹子或螺丝；②—燃油；③—机油；④—控制装置；⑤—螺旋桨；⑥—燃油管；
⑦—燃油滤器；⑧—油箱透气孔；⑨—电池开关；⑩—手动油泵；⑪—应急熄火绳

2. 启动舷外机

(1) 将操纵手柄放到"空挡"位置。

(2) 向上转动遥控盒上的空挡节流杆,在发动机启动之后,将空挡节流杆返回至原始位置。

(3) 持续按住主开关,运行遥控阻风门系统。

(4) 将主开关或启动钥匙转移至"START"(启动)位置,时间不要超过 5 s。

(5) 发动机启动后,立即释放主开关或启动钥匙,使其返回"ON"(接通)位置。

3. 启动后的检查

(1) 立即检查是否有水自冷却水出水孔流出。若没有水,应查看出水孔是否堵塞。

(2) 在航行前使发动机每分钟转速达到推荐的热车速度,空挡慢速热车 2~3 min。

注意:除非提供其他形式的冷却水,舷外机离开水面后不得运转。

4. 换挡及航行

(1) 进车

拉起空挡释放钮,将操纵手柄快速、稳定地从空挡推到进车挡。如继续向前推动操纵手柄,艇向前航行。

(2) 倒车

拉起空挡释放钮,将操纵手柄快速、稳定地从空挡拉到倒车挡。如继续向后拉回操纵手柄,艇向后航行。

5. 停止发动机

在停止发动机之前,应使发动机以怠速或低速运转 2~3 min,以便降低发动机的温度。

(1) 将主开关转至"OFF"(断开)位置;

(2) 停止发动机之后,应拧紧油箱上的气孔螺丝;

(3) 从发动机上拆下燃油管接头。

二、加速操作

快速救助艇因具有较高的推重比而使得它有良好的操纵性能,并能对发动机的调整迅速做出反馈。控制艇速对于操艇安全至关重要,艇速必须适合当时环境,例如在浪头或顺浪航行中操艇时就需要不断调整艇速。每艘快速救助艇均有特定的进入滑行状态的初始速度,艇上人数和海况都会对其产生一定影响。艇速一旦达到滑行速度时,艇就将处于最稳定状态。操艇者必须对艇员和伤员的安全负责,加速行驶意味着使得伤员和艇的速度提高,但也意味着可能使艇上人员受伤或造成艇只损坏。不计后果一味超速行驶不但使艇在浪中弹起,还会对艇体产生额外应力。

加速前,应安排艇员做好必要的准备工作。确认所有人员已做好准备工作后,驾驶人员即可开始加速。对于普通排水式艇,艇加速时并不需要给予过多关注,但对于快速救助艇而言,情况却有很大差别,装有舷外机的快速救助艇准备加速时,操艇人员应执行下列操作步骤。

(1) 根据情况向下调整艇机;

(2) 开始快速推上油门,使艇体尽快接触艇首波,但应避免操作过快或出现"空泡"

现象;

(3) 回拉油门稳定航速;

(4) 如需要,可综合考虑各种情况调节艇机,使其处在最佳位置。对于配备双推进系统的救助艇,应调整两台发动机使其转速相同。

1. 调整舷外机的作用

调整好舷外机可以获得下列效果:

(1) 较经济的耗油量;

(2) 更好的操纵性能;

(3) 更高的航速。

如图4-10所示,调整舷外机的倾斜角度可以改变艇底接触艇首波的位置:向下方调整艇机,艇首波将更接近艇首;相反,则首波更接近艇尾。即:越向上调整艇机,则艇体和水接触面积越小。

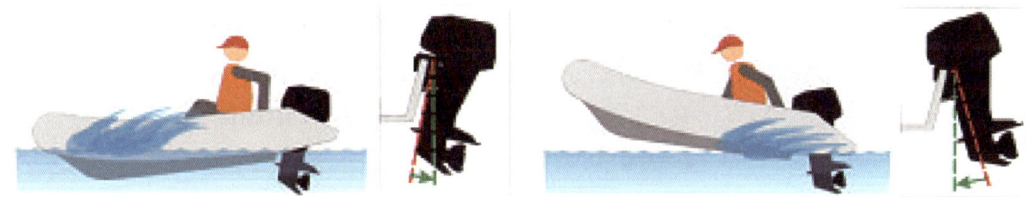

图4-10 调整舷外机的纵倾角

理想的调整结果应是艇体在高速航行时与水的接触面积变小,油耗降低。减小艇体和水的接触面积可以降低摩擦,而伴随着摩擦的减小,可获得更高的艇速和较低的油耗。但其不利方面是当以最大的纵倾角航行时,艇体仅有很小部分接触水,舷外机也仅有一小部分位于水中,所以如果做急转弯,不要指望艇有好的舵效。另外,艇尾还会出现向外侧滑行的趋势,应力求避免出现这种侧滑现象,因为艇一旦遇到平行涌浪,艇体很可能出现突然失速。这种快速降速可造成非常严重的后果:人员被抛起落水或者艇体损坏。

向上调整舷外机会造成艇首抬起,在波涛汹涌的海面操艇正期望如此,因为这样可以防止艇首进入浪中。记住如果进行急转弯,就必须降低航速或向下调整艇机。

2. 调整舷外机的一般原则

(1) 在平时作业时,舷外机调至正常位置即可,这样不仅油耗较低,又可避免急速转向时出现侧滑的危险;

(2) 在救助艇达到最高航速后,应谨慎进行转向操作;

(3) 在恶劣海况下,舷外机的调整幅度可较平时略大一些,不过在转向时同样应小心谨慎;

(4) 在理想的海况下,保持舷外机略向上,以期获得更好的操纵性能和防止可能出现的非正常停机。

3. 调整发动机推力倾角的方法

为保证操舵稳定和良好的性能,快速救助艇在航行中必须保持正确的纵倾角。如果纵倾角过大,艇的浮力中心将向艇尾移动,在这种情况下,如果艇首的稳性力矩过大,就会造成驾驶人员和艇员被抛入水中。如果纵倾角过小,就会造成艇首前进困难,使快速救助艇趋于不稳定状态。适当的纵倾角取决于艇、发动机和螺旋桨以及操舵条件等综合因素。

但是，通常尾倾 3°~5°时，快速救助艇容易进入比较稳定的航行状态。

液压微调可用于改善艇速、驾驶状况，以适应水面环境改变。其备有 21°的微调角度范围，可于行驶中及在任何速度下，将发动机调至微调角度范围内的任何位置。此外，液压微调及升降装置还可将发动机另外倾斜 54°。当发动机位于倾斜范围内时，不要使发动机高速运行，且任何时候都要将发动机入水口保持浸在水内。在艇只泊岸或收回母船时，可用液压升降装置将发动机升起。液压微调及升降装置如有故障，则当发动机碰撞到水中障碍物时，会导致装置内的撞击减振保护功能失去作用和损失后退推力。舷外机的调整如图 4-11 所示。

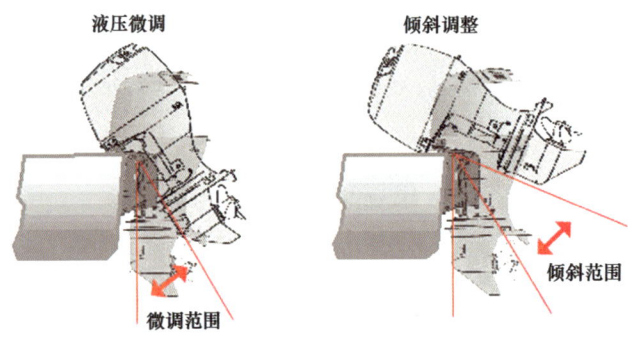

图 4-11　舷外机的调整

如有需要，发动机可做手动升降。慢慢地按顺时针方向转动手动释放螺丝，直至螺丝轻轻触及扣环约三圈半，重新将发动机定位。旋紧手动释放螺丝，使发动机保持在所需的新位置。操作时应注意：当旋松已被升起的发动机的手动释放螺丝时，应禁止有人接近该发动机，以免发动机突然坠下伤人。固定后，确保手动释放螺丝旋紧。

三、高速航行

1. 艇长或其他操艇人员必须戴上发动机应急熄火绳；
2. 为有效控制快速救助艇，驾驶快速救助艇时必须一只手握住舵轮，另一只手放到操纵手柄上；
3. 在航行期间，必须始终保持正规瞭望；
4. 注意观察和预判其他船艇的航行波对本艇的影响；
5. 避免出现紧急快速转向的局面，应特别注意：即使在风平浪静的海面，如对高速行进中的快速救助艇突然施以大幅度转向，艇就存在倾覆的危险；
6. 为避免碰撞，应及早采取行动；
7. 若有怀疑，应停车降低会船速度。

在加速之前，艇长应确认所有艇员在指定位置坐好，系紧安全带（若安装），并使艇员清楚艇长的意图。艇长只有事先明确告知艇员操作意图，艇员才能知道他所要采取的行动。

四、转向

快速救助艇具有良好的转向性能，而且在转向过程中它还具有很好的稳性。这得益于它独特的艇体形状和构造,例如装有充气护舷的快速救助艇,在转向时它在水中的充气护舷可提供更多浮力使其在转向过程中更加稳定。如果是以发动机和螺旋桨驱动的快速救助艇,驾驶人员在进行连续急转弯时应留意空泡,因为在转向过程中螺旋桨表面的水易出现汽化现象。气泡影响螺旋桨对水的有效控制,造成发动机出现飞车现象进而降低了螺旋桨的推进效率。这种情况可通过在转向时避免急转弯或减小推力的方法来缓解。在激浪中航行或螺旋桨过于靠近水面会导致螺旋桨吸入更多空气,艇的推力也会随之降低。驾驶快速救助艇,驾驶人员必须一只手握住舵轮,另一只手放在操纵手柄上。这样他们可对周围海况变化迅速做出反应,并始终保持足够对艇的操控能力。

高速行进中的快速救助艇可以在很窄水域空间内迅速完成转向操作,而进入低速行驶状态则需要更多时间,也就是需要更大的旋回水域才能完成转向。然而,在低速行进中可通过合理用车达到减小转向范围的目标。例如,满舵短时间用车,艇也会快速转向。若驾驶人员在操作前没有告知艇员自己的操作意图而重复前面动作,艇上人员很可能会失去平衡。

值得注意的是喷水推进的快速救助艇即使在换向导流器处于中心"零速"位置时仍然可以改变艇的方向。转动舵轮当喷口随之转到所需的方向时,艇将沿着它的转心旋转。在倒退时,操舵方式与向前航行时相反。如果想让艇尾向左转,则舵轮必须向右转动,见图4-12。一种很好的记忆方法是,艇首始终与舵轮同向转动。

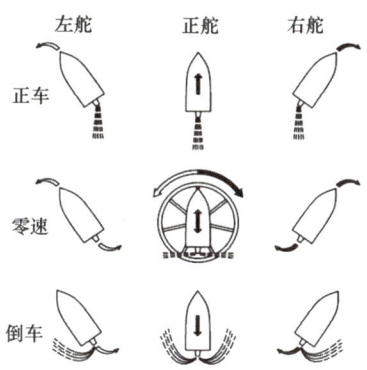

图4-12 喷水推进艇的方向操控

五、低速行驶

进入低速航行状态的快速救助艇,艇体进入水中的体积增加会排出更多水,此时的救助艇几乎与其他排水型艇一样,舵效变得迟缓,意味着转向时需要使用更大的舵角。事实上,只有在有水流流过舵叶时才会有舵效。多数的快速救助艇是利用来自螺旋桨/喷口的水流控制艇的方向的,因此螺旋桨/喷口的排出水流越少,控制方向的能力就越差。对于喷水推进的救助艇而言,发动机只有达到一定转速后救助艇才具备操舵性能,而该转速所对应的艇速很可能快于实际所需。在这种情况下是不能用降低发动机转速的方法减速的,必须调节换向导流器阻挡喷水水流以减小前进方向上的推力,实现在降低艇速的同时仍然保持良好操舵性能的目的。因此,喷水推进的救助艇在低速航行时,应使用换向导流器控制艇的速度。

在低速情况下,救助艇的保向能力相当好。例如,救助艇从滑行状态快速减速、发动机操纵手柄放在空挡位置,艇将继续沿着直线行驶。不过因艇速很快降下来,它滑行的距离不会太远,而且相对较轻的艇体更容易受到风或水流的影响。低速操艇时,记住将操纵手柄放到进车或倒车挡增加动力(推力)是非常重要的,所以快速救助艇在低速准备转向时务必先转动舵轮,然后施加发动机动力。在狭窄水域操艇时,可先转动舵轮,然后采取多次间断用车方式操纵救助艇,这样达到艇仅少许前移或不动就可获得最佳的旋转效果。

在狭窄水域低速操艇时应注意艇的转心。艇的转心是艇旋转或"以其为轴旋转"的理论意义上的点。对于一艘前进中的快速救助艇,转心位于艇首后方 1/3 艇长处。认识转心的简单方法是:想象一艘高速行驶的快速救助艇做急转弯。艇首似乎静止不动,而艇尾则绕着它画出一个圆圈。实际上艇首当然在转动,只不过艇的其他部分特别是艇尾在螺旋桨/喷射泵的推力作用下横移更明显。

六、离、靠泊操作

操艇人员应熟悉救助艇的制动和旋回性能,注意各种自然因素以及它们对操艇的影响。必须重视这些外力,趋利避害。例如,靠泊时应艇首对着风、流等外力,这样更容易控制艇的运动。

(一)靠泊操作

1. 靠泊航行船舶(见图 4-13)

操艇在船舶正横后以 30°角度接近船舶。

艇体驶过艇回收位置(吊艇架)后迅速调整艇速使其与船速一致,安排艇首人员传递首缆。

缆绳一旦系妥,艇员应向艇长报告:首缆系妥。

轻轻回拉调速器手柄使艇首缆逐渐受力,保持艇与船舶同步前进。

向船舶传递尾缆(如有),并将其挽牢。

调整首缆控制艇位,然后下达命令:挂上释放钩。通常艇首人员负责挂释放钩。

持续操控艇直到其完全升起离开水面,然后关闭发动机。

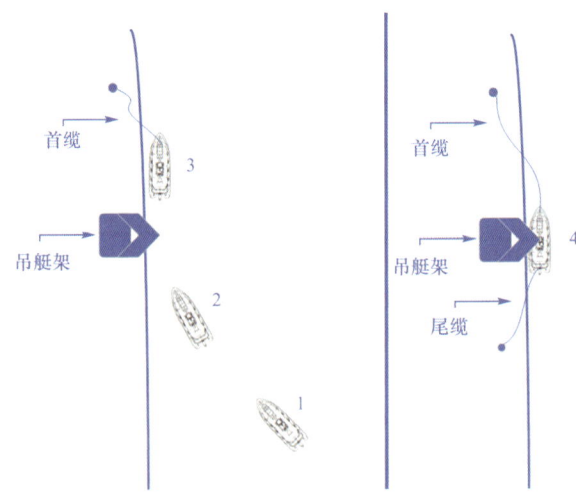

图 4-13　靠泊航行船舶

2. 靠泊码头

（1）舷侧靠泊码头（见图 4-14）

螺旋桨的扭矩、风和流均会影响靠泊操作。在靠泊过程中，控制艇速，保持安全冲量是至关重要的。为达到良好的靠泊效果，应始终将艇置于恰当的位置，即使发动机突发故障，也只会造成轻微的擦碰。靠泊步骤如下：

操艇以 30°角度慢速接近码头指定位置。

距码头 1 倍艇长时，将操纵杆拉到空挡并开始向码头相反一侧用舵，使艇身在移向码头的同时逐渐转为与码头平行。

距码头半个艇长时，迅速向码头方向操舵，然后倒车使艇尾接近码头。

向码头传递缆绳挽牢，系泊完毕。

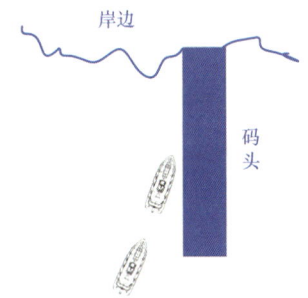

图 4-14　舷侧靠泊码头

在靠泊时，艇长应留意艇上载荷和速度对操纵性能等方面的影响。在艇的前进惯性没有消失之前不要过早停止倒车。为防止艇尾触碰码头，可能需要将舷外机转到更接近"正舵"的位置。

（2）艇首靠泊码头

以艇首接近码头，应注意观察风、流及其影响。倒车降低航行速度，艇几乎接触码头时必须使艇停下来。在开出倒车艇向后移动之前，选择进车轻加油门，保持艇静止于码头旁。利用螺旋桨作为前进推力抵消风和流的影响，在完成任务之前必须保持好靠泊位置。任务结束后，倒车让清码头。

在靠泊作业时，操艇人员应注意控制艇速。根据艇的停车和倒车性能，结合周围风、流的方向和大小，在抵达码头前适时减速和停车，利用余速接近泊位。余速过快将不得不长时间使用倒车，不利于控制艇位和艇首方向；余速过慢则舵效变差造成靠泊困难。最为普遍的做法是，在保证救助艇舵效的前提下，应尽可能降低余速。另外，选择合适的靠泊角。靠泊角度应根据风、流的方向和大小等实际情况适当调整，如针对吹拢风情况可适当减小靠拢角、为减少漂移可适当提高余速等；当遇到强吹开风时，可考虑大角度进入泊位。此外，还应掌握转向时机。若转向太早，艇和码头平行时，两者的间距必然过大，而此时的余速和舵效往往不足以使艇靠上码头。一旦出现这种被动局面，如果泊位前后有足够水域，可向码头侧转舵并进车加以纠正，或者直接重新进行靠泊操作；如转向太晚，艇首可能先于艇尾碰到码头。弥补的办法是向码头一侧转动舵轮之后全速倒车，但应注意在舵尚未转向码头一侧之前不得全速倒车，否则会使艇首甩向码头，造成更严重的后果。根据风向和风力调整靠泊码头角度如图 4-15 所示。

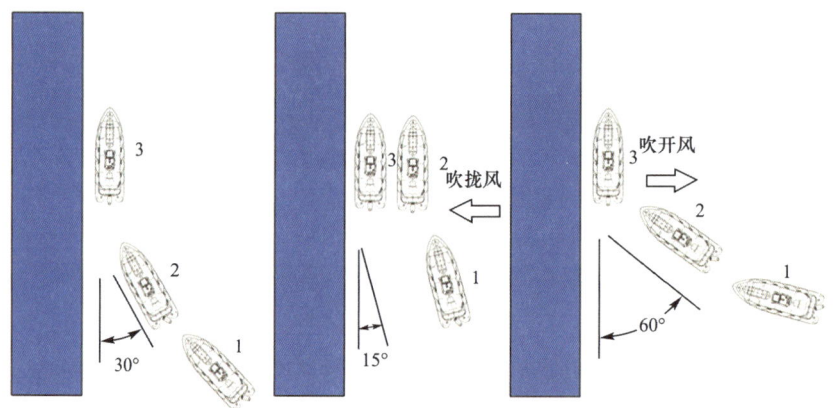

图 4-15　根据风向和风力调整靠泊码头角度

(二) 离泊操作

1. 离开航行船舶(见图 4-16)

降落救助艇前,应先系好艇首、尾缆绳。在降落过程中,应保持缆绳适当受力以控制艇的位置。

在艇将要降落到水面时,启动发动机(仅适用 RIB)。

脱开释放钩,艇在首缆牵引下随船一起前进。逐渐向外档操舵,保持艇与船舶平行。解除艇尾缆绳。

合上离合器,向前推动调速器手柄,艇前移使首缆松弛。

艇长命令艇首艇员解除首缆。

收回首缆后,艇长加速前进。

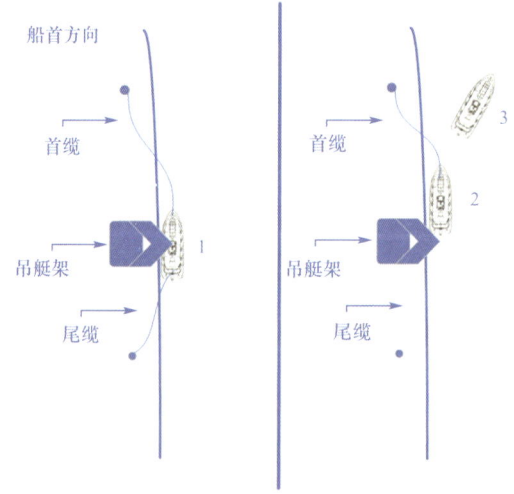

图 4-16　离开航行船舶

2. 离开码头

在多数情况下只要用艇篙撑一下岸壁就可以使艇首离开码头。在艇和码头间出现足够空间时,慢速进车并向码头相反方向小幅度转向。

注意:大幅度转向,可能造成艇尾以一定力量撞向码头,必须注意避免。若受风或水流的作用,艇被压向码头,则此时最好采取倒车驶离。

(1)艇尾先离(见图4-17)

解除艇尾缆。

向码头方向操舵、进车使艇首靠向码头。

停车,向码头相反方向操舵,收回首缆,倒车离开。

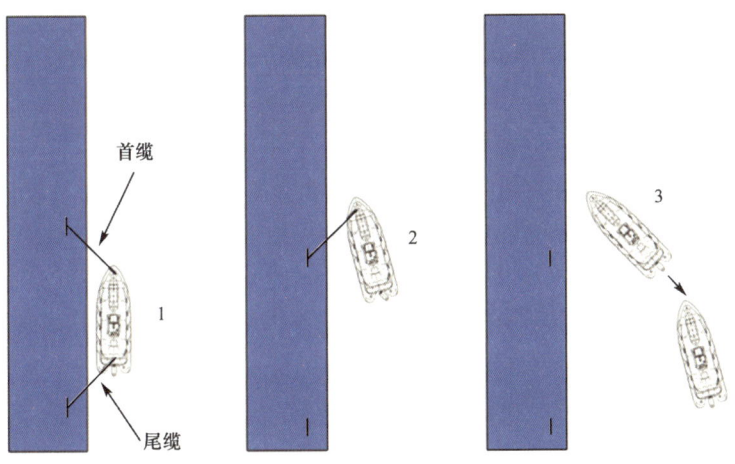

图 4-17　艇尾先离开码头

(2)艇首先离(见图4-18)

解除并收回首缆。

向码头相反方向操舵、进车使艇尾靠向码头。

解除并收回尾缆,慢速进车离开码头。

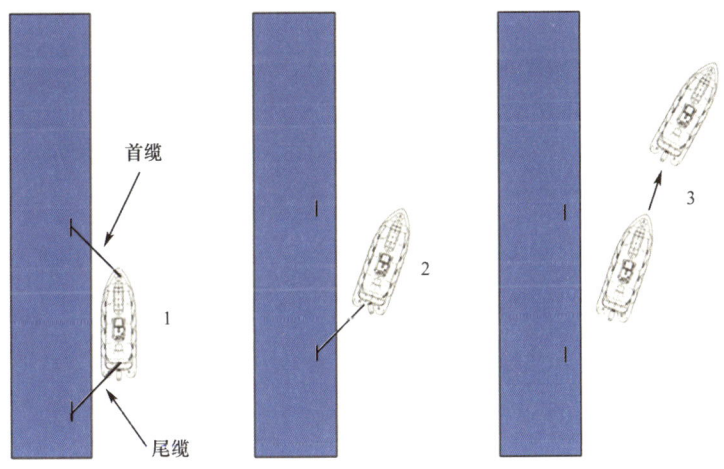

图 4-18　艇首先离开码头

(三)离、靠码头提示

1. 提前摆放和引导缆绳及碰垫

在靠近码头之前应及早摆放和整理缆绳、碰垫。

2. 操控艇,不超速

在靠码头过程中,应使艇首尽可能迎风顶浪。如果海面风浪较大,则需要提高艇速以保持舵效，但必须谨慎不要超速。

3. 使用明确的带缆口令和信号

靠泊时带缆非常重要，艇长应以洪亮清晰的声音下达各项指令，口令应能使所有协助人员理解，最好在送出缆绳前使艇停靠在码头旁。

4. 施加推力后，操舵更有效

对于通过转动螺旋桨以获得舵力的艇，在绝大多数场合具有良好的操纵性能。例如舷外机可以看作舵，甚至舷外机在怠速（无方向性推力）时仍然保持一定的操艇能力，但千万不要指望它在低速时转向。

5. 如果发现情况异常，不应盲目用车

靠泊时，因操作失误而随意增加发动机推力可造成严重后果。如果艇长坚持采取短时间用车，注意观察和比较操纵前后效果，事故就可以避免。

6. 先用舵，后用车

为安全起见，操艇时应始终坚持先用舵、后用车的原则。艇长在指挥操艇时，也应先给出操舵口令，然后再发出相应的车令。

7. 对于双车艇，应充分使用旋回圈外侧的艇机

旋回圈外侧的艇机，比内侧艇机能提供更好的推力角度。在狭窄水域转向时，操艇人员应充分利用旋回圈外侧的艇机，帮助操艇。

七、救助艇的掉头操作

操艇中常见的操纵是在受限水域旋回艇，艇员必须在开敞水域反复练习以期熟练操作。螺旋桨旋转时舵效会更好，采取短时间用车直接由前进转到后退，远比因空挡滑行而失去舵效的方法强得多。可以采用下列方法完成掉头操作，如图4-19所示。

（1）转动舵轮，操右满舵，慢速进车（位置1、2）；

（2）转动舵轮，操左满舵，慢速倒车（位置3）；

（3）操右满舵，慢速进车（位置4、5）。反复操作直至完成艇的掉头操作。

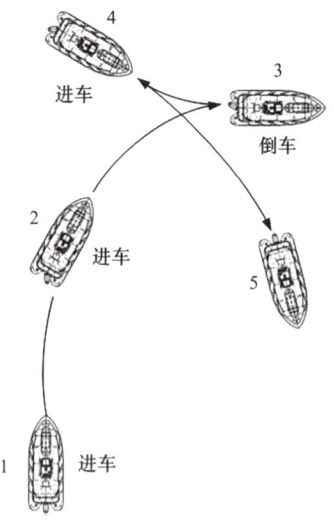

图4-19　掉头操作

八、在恶劣天气中操纵快速救助艇

1. 影响操艇的特殊因素

在恶劣天气中,波浪严重影响快速救助艇的操纵。波浪对操艇的影响主要表现在两个方面:一方面是在波浪作用下,艇容易在航行中偏离航线;另一方面则是波浪造成救助艇的剧烈摇摆。二者均给救助艇运动的控制,如方向控制、速度控制、位置控制等带来困难。

2. 控制艇速

在大风浪中航行,艇速越高,艇遭受到的波浪冲击力越大,艇遭受损坏的程度越严重,艇上人员也会感到不适。所以,适当降低艇速,情况会有所好转。因此,在恶劣天气中航行必须降低艇速,以保证艇上人员安全。

3. 保持艇位

营救水中人员、转移人员和救援救生艇、筏都需要保持艇位操作。保持艇位是救助艇操纵中难度最大和最常用的基本操作之一。操作之前,需要了解周围风的方向和强度,涌浪、海浪和流的方向等环境条件,确定对操艇产生主要影响的外力,调整艇首方向并用动力控制艇位。如果风的来向和涌浪的移动方向不一致,风会使艇首向左或向右偏离涌浪的来向。操艇者应立即采取修正措施,使用车舵克服偏转。

艇首顶浪航行时,波浪来临时会先推动艇向前移动,艇到达波顶时向前移动停止,然后开始向后移动。在波浪中,通过及时调整艇机转速可控制波浪引起的向前或向后移动以保持艇的位置。值得注意的是突然在进车和倒车之间频繁转换是非常危险的操作方法,有可能造成艇机故障。

4. 后退

艇体形状和推进控制装置的设计使艇适于向前航行,不容易保持直线后退。特别在风浪中,操艇后退的同时又要保持艇首不偏离涌浪方向极为困难。在实际救援中,许多场合都需要后退操纵。掌握使艇直线后退的操纵方法非常重要。

开始倒车之前,使艇首对着涌浪来向,用正舵、双车同时倒车以较小推力后退,然后逐渐增加倒车拉力。当艇开始后退时,随着侧向风力作用,艇首开始向一侧偏离涌浪方向。随着艇首偏出,开始用更大的油门和舵效控制这种趋势。在后退的过程中需要反复运用车舵抑制使艇首偏转的外力,直至后退到预定的位置。

若艇首已严重偏离涌浪方向,难以在后退中将艇首调回顶浪状态,此时最佳方法是进车,加大推力调整艇首顶浪,然后再开始后退。当在大浪的波面时,千万不要后退,否则在波浪的作用下会失去对艇首的控制能力。

5. 使用桨和海锚

只有当救助艇对水存在相对运动时,操舵后才会产生使艇转向的力矩,否则没有舵效。这时可用手划桨控制艇的运动状态。在施放下海锚时,可用手划桨控制艇首方向,使艇首迎风,防止艇在横风作用下倾覆,直到海锚吃力为止。

第三节 航行及安全设备

一、磁罗经

1. 磁罗经的误差

磁罗经具有构造简单、不依赖电源、不易损坏等优点,是快速救助艇必须配备的航行仪器,如图4-20所示。它是根据在水平面内自由旋转的磁针,在受到地磁力的作用后,有稳定指示磁北方向的特性而制成的。船用磁罗经大都由若干根平行装配的磁针,与一个表示真地平平面的、很轻的罗经卡连接在一起制成的。罗经卡上刻有圆周方向系统和罗经点系统。其中0°到180°的直径连线,应与平行磁针的磁轴方向一致。而罗经卡和磁针则被安装在浮室上,浮室中央凹处顶部是镶有硬玻璃的罗帽。浮室内充满了混合液体使罗经卡能够绕轴针自由转动。由于地磁极并不与地极完全重合,而且救助艇周围的钢铁设备在地磁的作用下产生船磁,磁针和磁轴最终并不是稳定在正北方向上,而是稳定在地磁和船磁的合力方向上,由此产生了罗经差。

图4-20 艇用磁罗经

2. 磁罗经的使用方法

磁罗经应准确地安装在救助艇的首尾线上,并尽可能远离固定或移动的钢铁器件。罗盘中出现的气泡必须消除。

如计划向某一方向航行,必须使艇的首尾线与罗经相应的航向保持一致。如果计划航向是正北,当罗经北的刻度位于艇首尾线右侧时,应该操舵向北或向右。如果计划航向是以度数表示的,则应使艇首尾线对准罗经相应的方向。操舵时,随着罗经刻度逐渐接近计划航向,应减小舵角降低旋速。一旦接近计划航向,应使用小舵角或压舵使两线重合,则艇稳定在新的航向上。

二、船用无线电话

一旦船舶遇险,船用无线电话是一种独特的求助手段,它可以监听并提供救助行动的最新信息。通过无线电话,船员可以定向确定船舶位置,还可以获得气象及其他重要信息。一般情况下,应该使用船用甚高频(VHF)无线电话,如图4-21所示。使用船用无线电话时应注意:

图 4-21　船用甚高频(VHF)无线电话

1. 不发送无关紧要的信号;
2. 发送信号之前首先收听信号,避免干扰其他电台;
3. 使用"遇险呼叫"频道呼叫:甚高频(VHF)16 频道;
4. 保持良好的联络,遵照海岸电台的指导,发送求救信号;
5. 如果是非求救信号,一旦与对方建立联系之后,应立即转换到工作频道;
6. 使用船舶呼叫标识或船舶名称作为标识;
7. 通信内容应简明扼要,清楚无误;
8. 进行求救呼叫时,最重要的是说明自己的位置、漂浮的时间、船舶的类型以及涉及的人数。为了准确表达自己的意图,重要的内容应重复。

三、艇用雷达反射器

雷达反射器是无源雷达信标,是一种自身不能发射信号、通过增大目标截面积(也称回波或反向散射面积)的方法来增强船用导航雷达反射波,进而提高船用导航雷达对目标识别能力的无源设备。供海上遇险时救助使用,它能增强救生艇、筏对雷达电磁波的反射信号,使海上遇险漂流的艇、筏及其人员尽快获得搜救。对于快速救助艇而言,雷达反射器可以帮助母船跟踪快速救助艇,掌握其大致位置。

常见艇用雷达反射器有圆柱形和折叠式两种类型。

1. 圆柱形雷达反射器

圆柱形雷达反射器因其具有坚固的聚乙烯外壳常而被认为是一种刚性雷达反射器,其内部的反射雷达波材料采用独特的对称堆叠布置。这种设计可保证该反射器不管救助艇横摇或纵摇均能产生最大的雷达反射面积,始终使雷达波直角返回到船舶雷达天线上,如图 4-22 所示。

图 4-22　圆柱形雷达反射器及其安装位置

用专用的配件可将圆柱形雷达反射器固定安装在快速救助艇扶正装置上,也可以用绳子把它悬挂在艇上相对安全的地方。

2. 折叠式雷达反射器

这种雷达反射器由可折叠的角反射器和支柱撑杆两部分组成,其中包括支柱、角反射器、反射面、撑杆、中心座、伞弹簧、活动撑杆、拉环、调节螺栓、连接螺栓、连接螺母、支柱上杆、连接弹簧销、支柱中杆、支柱下杆和连接法兰等部件。

角反射器包括一根金属材料的中心轴,在中心轴上、下两端套有四对轴套夹板环,每一对轴套夹板环上固定有一片竖直安置的竖反射导电体。四片竖直反射导电体通过上、下两端的定角环定位,其截面呈相互垂直的"十"字形,还有两片半圆形的横反射导电体。横反射导电体与竖反射导电体通过插槽插接在一起,两片横反射导电体即拼接成一个水平安置的完整的圆形,而竖反射导电体就与横反射导电体共同构成八个三面直角反射空间,见图4-23。

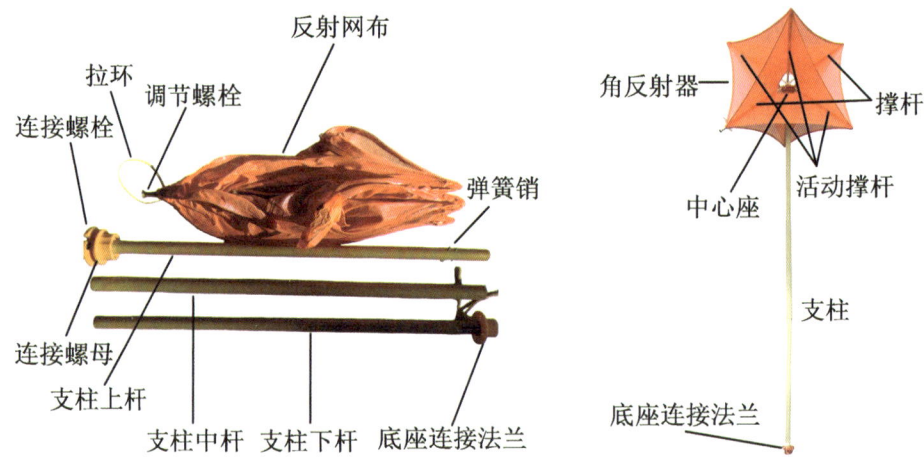

图 4-23　折叠式雷达反射器

安装折叠式雷达反射器应先打开包装袋,取出角反射器和支柱(由2~3根杆子组成)。连接两杆(救生艇或救助艇用)或三杆(救生筏用),使连接弹簧销卡牢。

打开包装袋取出角反射器,旋松调节螺栓。

撑开角反射器,使伞弹簧弹出锁定,并旋紧调节螺栓,以保持反射面的张力使反射网布达到最佳的反射效果。

把角反射器装在支柱上,使连接螺栓上的三条钩形槽卡住反射器中心处的三根较粗撑杆,并旋紧连接螺母。

连接支柱并用连接弹簧锁定。然后把支柱插入救助艇扶正装置附近的固定孔中,旋紧收紧螺母。

四、抗暴露服

抗暴露服(Anti-exposure suit)是供救助艇艇员和海上撤离系统人员使用的保护服,如图4-24所示。按照SOLAS公约的规定,应为救助艇或海上撤离系统工作人员每人配备一件抗暴露服。

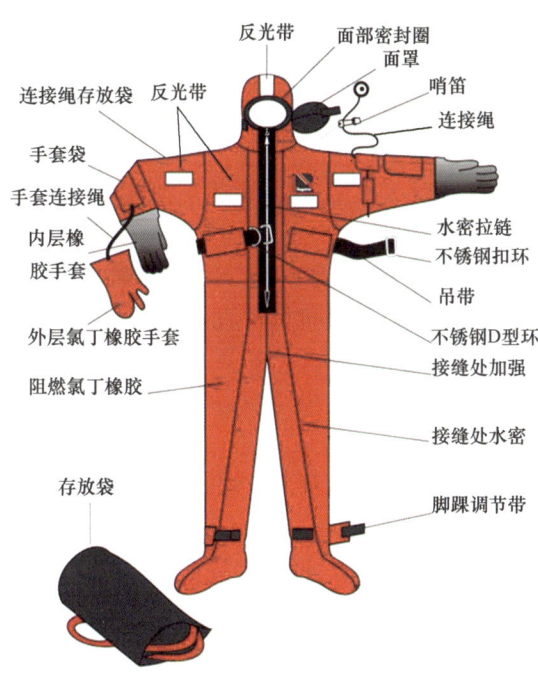

图 4-24 抗暴露服

1. 抗暴露服的构造

抗暴露服外表颜色为橙色，一般采用发泡氯丁橡胶制成上衣与裤子连在一起的"连身式"服装。衣服面料分为三层：外层为着色和保护层，由尼龙棉线混纺材料制成；中间层为防水和保温层，由氯丁橡胶发泡材料制成；内层为抗暴露服的强度骨架层，由尼龙材料制成。也有的抗暴露服内、外层均采用尼龙棉线混纺材料制成，中间层为薄的氯丁橡胶发泡材料，主要起到防水和保温作用。由于橡胶层内有无数细小的封闭微孔，孔内存放许多静止的空气，而这些静止的空气正是最好的保温材料，所以抗暴露服具有良好的保温性能。

该服装胸前配有水密拉链，便于穿着者迅速使用。为了使穿着者能执行一定的工作任务，它配备了连衣手套和带有防滑装置的连裤靴鞋；为防止空气在抗暴露服内流动散失热量，在抗暴露服裤腿两侧加装了限流拉链；为便于海上救助，有的抗暴露服前面设有一个带有弹簧开关的起吊环。

2. 技术性能

（1）抗暴露服采用防水材料制成，对除了脸部和手部之外的全身提供保护；

（2）穿着者不需要别人帮助，在 2 min 内就可穿好抗暴露服，穿着方便。

（3）耐火性

穿着者被火完全包围 2 s，抗暴露服不燃烧或继续熔化。

（4）充分活动性

①穿着者可以执行与弃船有关的任务，操纵救助艇；

②穿着者可爬上爬下长度至少为 5 m 的垂直梯子；

③穿着者在水中至少可以游 25 m 并能登上救生艇、筏。

（5）热性能

非自然保温材料制成的抗暴露服必须标明与保暖衣服一起穿着，并保证穿着者在温度为 5 ℃的平静水中漂浮半小时以后,体温降低不超过 1.5 ℃/h。

(6)浮力

每件抗暴露服可以提供至少 70 N 的固有浮力。

(7)强度

穿着者自至少 4.5 m 高处跳入水中,抗暴露服不损坏或移位。

3. 穿着方法

(1)穿抗暴露服之前应穿着适当保暖衣服,不必脱下鞋子;

(2)取出抗暴露服并把它打开,穿上抗暴露服;

(3)跪下将腿部限流拉链拉上;

(4)将胸前防水拉链向上拉至脸部;

(5)下水前将脸部密封拉至下颌;

(6)如果需要,抗暴露服外面加穿一件救生衣。

4. 存放

抗暴露服应存放在易于取用的地点,通常存放在船舶救生站和船员住舱内,并且存放位置应有明显标志。

5. 日常管理

(1)避免接触酸碱或其他有害物质。

(2)拉链部位用蜡或无酸碱性油脂涂抹,保持拉链拉舌移动时轻便灵活。

(3)穿着使用后用淡水冲洗干净,挂于阴凉、干燥地方,避免高温或紫外线辐射。干后应叠好放回原处。如织物表面破损,应取来备用布,用聚氨酯胶液粘上。

五、头盔

对于快速救助艇上工作人员来说,头部保护非常重要。在快速救助艇上,艇员面临突然加速或减速及其他猛烈冲击。在这种情况下,头部受伤的概率非常高。戴上防护头盔(见图 4-25)可有效保护人员头部免受伤害,但头盔必须是为能在水中使用而特殊设计的,否则,头盔会像海锚一样充满水。救助人员所戴的防护头盔类似摩托车驾驶员的头盔,可以对面部和颈部起到防撞和保暖的作用,重量小且坚固,可保证在艇突然加速时,减轻戴头盔人员颈部受力。

图 4-25　防护头盔

第五章
利用快速救助艇搜寻和救助

救援船舶抵达事故现场后,救援人员必须尽快找到遇险人员的位置。及早发现遇险人员并给予其正确施救对海上遇险人员至关重要,同时也是快速救助艇上全体人员的一项重要工作。

第一节

海上搜寻

一、制订搜救行动计划

在派出快速救助艇之前,救援人员需要制订周密的搜救计划,确定遇险人员所在的区域,以便当艇到达现场时能寻找到遇险人员,好的搜救计划会显著增加成功搜救遇险人员的概率。制订搜救计划包括计算基点(Datum),然后确定搜救区域的范围。在大多数情况下,RCC/MRSC 负责制订搜救计划,并以此指导搜救行动,但在很多场合,可能需要搜救人员自己制订具体的搜救计划,它也应包括危机管理和正确的应对措施。

1. 抵达现场

在靠近搜索区域时,艇长应减速至搜索速度,每个人应开始寻找水中物标。重新检查搜索方案和艇员关注的问题,安排瞭望人员,艇长应保证所有艇员明确他们各自的职责并做好相关准备工作。

2. 基点和最后已知位置

(1)基点

基点是经总漂移修正后,在一定时间内搜寻目标最可能的位置,是各种搜寻的起始点,一般由救助协调中心提供。基点通常是搜寻目标的最后已知位置(KLP)经漂移修正,也就是说,利用救助协调中心使用的公式和计算机程序,结合当地海流和潮汐资料,估算出的救援船舶到达时,搜寻目标最可能的位置。

根据收集到的信息和信息的准确性,基点可能是:

①一点,即该点位于搜寻目标最可能存在区域的中心,搜寻目标在基点被发现的概率(POD)最大,离开此点就会降低。

②一条线,如果不能将搜寻目标的位置确定为一点,可以将它看作为一条航迹线或方位线。基线就是在海图上标绘的此类航迹线或方位线,在没有更多信息的情况下,可以假设搜寻目标或许在这条线的某个位置上。

③一个区域,如果无法确定遇险船舶的确切位置,也可依据各种因素推定搜寻目标在某个区域内。

(2)影响基点的外界因素

随着时间的推移,必须修正基点以补偿风流的影响。影响搜救目标的自然外力包括:

①风致漂移(Leeway)

风致漂移是由于风作用于船艇的水上部分而导致船艇对水的相对运动。

②海流(Sea current)

海流是长期的大规模的海水运动,它通常在大洋区域内影响较大。

③潮流(Tidal current)

潮流是由于潮水涨落而形成的自然现象。

④风生流(Local wind-driven current)

风持续作用于海面上,产生推动表层海水沿风吹去方向流动的趋势,形成风生流。风生流会影响水中搜寻目标的运动,但在沿岸水域、小的江河湖泊和港口不受影响,因为附近陆地可以阻断或者减小风的作用。

⑤河流(River current)

河流可以使搜寻目标快速通过相当长的距离,在江河入海口处必须考虑这种因素。

3. 目标的情况

(1)目标的信息

在抵达搜寻区域之前,救助艇的艇长必须向所有瞭望人员介绍搜救目标的性质和所有已知的信息。瞭望人员应了解将要遇到船舶的情况,以及在各种情况下目标可能出现的结果。

(2)停车静听

哨笛和声音会传出人们视觉距离之外,搜寻船艇到达开始搜寻点进行搜寻的过程中,时常停车静听非常重要。当看见或听到一艘可能的救助艇时,遇险者通常会抓住最近的信号装置。瞭望人员也应警觉来自遇险者的呼喊、尖叫和哨笛声,因为有时在救援人员发现遇险者之前,遇险者就已经看见了救助艇。

救助人员到达海难现场后,最可能的搜寻目标是救生艇、救生筏、船艇残骸、油迹和水中人员。

(3)水中人员

即使天空晴朗,视线良好,水中人员也可能在少于100 m时消失在瞭望人员的视线中,海况、天气条件、不同时间段,以及最为重要的是人员是否穿着漂浮用具,这些都直接影响救助效果。因此,搜寻水中人员的准确位置非常重要,但同时也是一项很困难的事情,需要搜救人员特别留心。如果水中人员没有穿着漂浮用具,在大多数情况下就只能看到他的头部;如果穿着漂浮用具,就可能看到他的头和肩部。

(4) 救生艇、筏

救生艇等目标被设计成非常明显易见:大船的救生艇一般配备了焰火视觉信号,以及应急无线电设备,而且这些艇有动力推进装置。若放下了一艘以上的救生艇,他们可能成组或绑在一起使他们成为一个明显易见的目标。

二、执行搜索行动

1. 安排搜寻人员

在天气和海况良好的情况下,大船一般是良好的视觉目标和雷达探测目标,小型水面艇只则不同。不论采用视觉还是电子探测方式,探测小型艇只都会更加困难。视线良好时,最好的视觉辅助探测方式是安排一名认真负责的目视搜寻人员。

(1) 操艇人员

《国际海上避碰规则》要求船舶在任何时候均应保持正规瞭望,瞭望关系着船艇的安全和防止碰撞。快速救助艇的驾驶人员不仅是操舵者,也是艇上的瞭望人员,在保证艇和艇上人员安全的前提下应集中精力执行正确的搜寻模式。

(2) 目视搜寻人员

目视搜寻人员越多,探测到搜寻目标的机会则越多。一般应至少安排两名目视搜寻人员,如可能,还应安排预备人员轮流参加搜寻值班,并提供支持。他们负责仔细扫视探测距离内所有目标,及时向艇长报告发现的情况。

(3) 目视搜寻人员的位置

最好的观测位置主要取决于艇的尺度和布局。就一般救助艇而言,如果艇员足够,应在两舷各安排一名艇员巡视艇前方和舷侧方向的海面。若可能,最好在艇尾再安排一名搜寻人员。

目视搜寻人员的视距和能观测到的目标主要取决于目标的类型、颜色、眼高、能见度、海况及目视搜寻人员的身体状况、疲劳程度和视力等因素,在大浪中目标也可能消失在两个浪之间的波谷区域。搜寻人员接受的培训、训练和其自身经验是非常重要的。军队的测试表明,经过专门训练的人员不容易疲劳;如果搜寻人员熟悉水中目标的外观特征,例如穿上了橙色的救生衣或使用了橙色的救生圈等,救助目标被发现的机会就会成倍增加。在大风浪中,有些大船的探测概率也会被许多搜寻者过分地夸大。在有些场合,大船直到接近时才能被探测到,在这种情况下则很难探测到小型艇只。许多事例表明,甚至搜寻航空器在未看到遇险人员时,就已经飞过了遇险人员的头顶。搜寻时,瞭望人员应注意焰火信号、灯光、烟雾或其他类型和颜色的视觉信号。

多数事故现场通常留有大量残骸,在与这些残骸缠在一起的漂浮物上常常会发现遇险人员。通过询问遇险人员曾在航行中所看到的显著陆标、助航设备、其他船舶或航空器等,可能获得很有价值的线索。询问遇险人员,确定这些物标的方位,结合海图作业,会大大减小搜寻区域。

天黑时,可以要求遇险船舶点燃火焰,或使用其他类型的照明器具以便观察(如探照灯)。若遇险船舶没有此类设备,救援船艇可以使用自己的焰火信号让遇险船舶提供相对方位。若以获取方位或照明为目的而使用了焰火信号,必须通知搜救协调中心。

长时间搜索会造成艇员、搜寻人员视觉疲劳。在不利海况和昏暗的光线条件下,搜寻人员很快就会出现疲劳症状,经常轮换瞭望人员有助于减轻疲劳对瞭望人员的影响。如果条件允许,最好每 30 min 轮换瞭望人员,在恶劣天气时更应增加轮换的频率。如果艇上没有替换人员,可以每间隔 30 min 将瞭望人员从一舷换到另外一舷。如果能够保持搜寻人员温暖和舒适,经过良好训练的搜寻人员在适宜的条件下可以保持 2 h 不疲劳,但是,此后其效率就会急剧下降。

当迎着太阳搜索时,应戴上太阳镜;在强光或炫目的光条件下搜索,建议应持续戴太阳镜。太阳镜能够滤掉红外线和紫外线光谱范围内的光线,保护眼睛。

一旦发现目标,可以使用望远镜帮助识别目标。搜寻人员应保持望远镜清洁、随时可用。需要时,可以用手遮盖望远镜镜片,防止强光灼伤眼睛。

保持眼睛能随时注视任何可以看到的物标,通过事先安排的报告方法——呼喊、内部通信或其他方式引起注意。任何时候,眼睛都不应偏移看到的物标。

(4)目视搜寻技术

积极搜索,要求搜寻人员必须认真负责。搜寻人员应采用系统的、渐进的方法搜寻指定扇形区域。从救助艇处开始,以一系列平行线至搜索扇形区域的边缘扫视搜索。视觉扫描结束时,休息 5~10 s 再进行另外一次扇形搜索。眼睛聚焦于正前方,观察人员应移动头部搜索指定的区域,仅用眼睛不用头部动作搜索一个区域,会导致眼部肌肉使用过度,而造成早期疲劳。

"扫视—注视—扫视"的搜索方式应以每 10°~15° 为小段,分段进行,因为这种方法使瞭望者的眼睛能发现所注视位置 8° 范围内的目标。若连续视觉扫视而没有注视或注视范围超出 15°,则会降低搜寻的效能,如图 5-1 所示。另外,扫视指定区域的速度要与搜寻船艇的速度相适应。救助艇搜寻中的速度越快,瞭望人员扫视搜寻扇面的速度也应该越快。

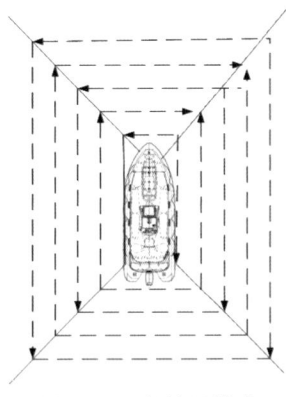

图 5-1　目视搜寻技术

2. 执行搜寻

常见的搜寻方式有:扇形搜寻、扩展方形搜寻、轨迹搜寻、曲线前进搜寻和其他搜寻方式(如使用母船和快速救助艇或其他搜寻单元协同搜寻)。这些搜寻方式的宗旨都是尽快找到搜寻目标。然而它们并不都适合于使用快速救助艇的场合。

(1)扇形搜寻

扇形搜寻用于搜寻一个以基点为中心的圆形区域,如图 5-2 所示。当准确知道搜寻目

标的位置并且搜寻范围较小时,采用扇形搜寻方式,搜救效果最佳。具体实施方法如下:

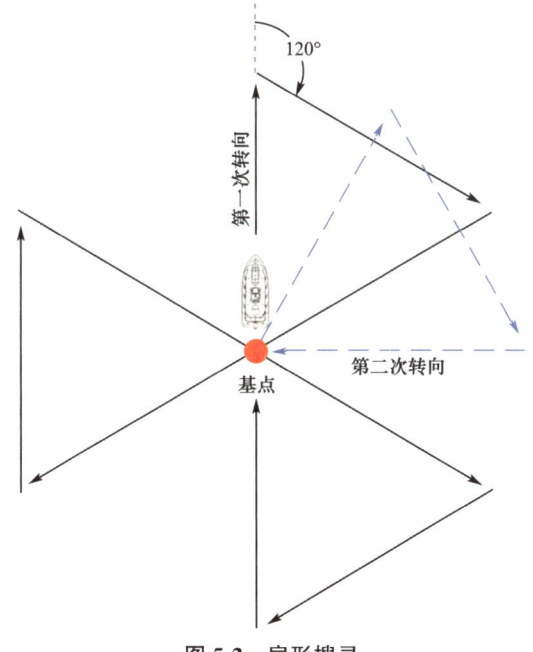

图 5-2　扇形搜寻

在搜寻前,艇长应根据当时气象及海况确定包括转向时机在内的搜寻要素。第一航段最好以正北作为起始航向,这样比较容易确定每个航段的航向。为便于实际操作,每个航段的转向时机最好以某一时长(例如 3 min)作为转向依据,每次定时转向 120°。

艇到达基点迅速扔下一只救生圈标示基点位置。定速驶离基准点并开始计时,航向 000°。注意记录基准点(救生圈)消失的时间,此处与基准点的距离就是搜寻能见度,设其用时为 T。

继续行驶 $2T$ 时间,然后向右舷转向 120°。在航向 120°上行驶 $3T$ 时间,再右转 120°转至航向 240°行驶 $3T$ 时间。通过基准点后,保持航向继续行驶 $3T$ 时间,然后向右舷转向 120°继续搜寻……如果在完成一个环绕后没有发现遇险人员,应将新的初始搜索航向设为 030°,按前述方法执行第二次搜索,覆盖第一次搜索未搜到的象限。

(2)扩展方形搜寻

当基点位置相对准确,船艇遇险时间不长、漂移量较小,搜救船艇赶赴现场的时间较短时,可以考虑采用扩展方形搜寻,如图 5-3 所示。采取以基点为起点进行持续性搜索,每次搜索范围比上一次逐渐增加的扩展方形搜寻方式是非常有效的。

搜寻水中人员时,搜寻速度应为 5~10 kn。初始的搜索航段是搜寻能见距离 D 的 75%~100%。每个搜索航段都包含一个 90°的航线改变,并且每经过 2 次转向都会增加搜索段的长度。在搜索中,按照北、东、南和西的转向顺序会使操作更简单方便。

(3)轨迹搜寻

轨迹搜寻是指救助艇驶向预先估计的遇险人员漂移轨迹,然后转向并且根据搜寻能见距离 D 穿越漂流轨迹两侧进行搜寻,如图 5-4 所示。这种方法操作简单方便,是一种快速初始的搜救方式。每段搜寻航程的长度等于遇险人员可能漂移距离的最大计算值。

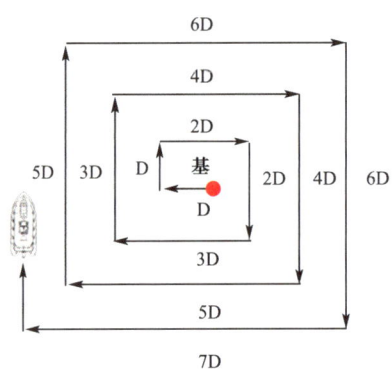
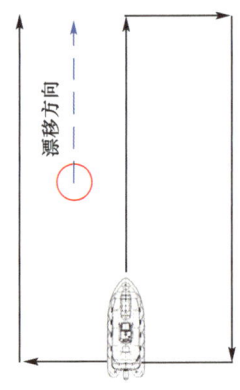

图 5-3　扩展方形搜寻　　　　图 5-4　轨迹搜寻

(4) 曲线前进搜寻

这种搜寻技术的前提是假设遇险人员漂流在一个矩形区域内,如图 5-5 所示。救助艇从矩形区域的上风/流侧的中点位置开始搜寻。各搜寻航程之间的距离是搜寻能见距离。每段搜寻航程的长度由遇险人员可能漂移距离决定。搜寻能见距离主要取决于搜救单元的探测能力。搜救单元探测能力越差,相邻搜寻航程的间距应越近。在实际搜救中,搜寻航程间距是由扫视宽度等因素决定的。影响扫视宽度的因素有:①海况;②船只残骸;③搜寻船只速度;④搜寻船只类型;⑤航空器搜寻高度;⑥搜寻船员疲劳状态;⑦搜寻目标的尺寸和类型。

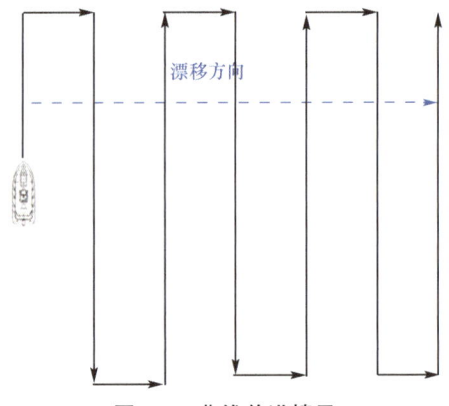

图 5-5　曲线前进搜寻

在利用快速救助艇搜寻遇险人员时,救援人员常常面临一些实际问题:①因身在救助艇上,测量距离非常困难;②在执行各种搜索模式中需要艇频繁改变方向,很难始终保持稳定的航向和航速;③改变航向至下一航段时罗经需要一定时间才能稳定下来,这意味着在这段时间内的航迹是不准确的;④风流对快速救助艇产生影响,艇速越慢,风流影响越大。前面所述的各种搜寻模式都是在水面而非地面实施的。如果水在流动,风在吹,则搜寻模式也应随之改变。而电子助航仪器如 GPS 提供的是船艇相对于海底而不是相对于水面的航行位置。在进行搜寻操作时救助艇必然受到风和流的影响,在 GPS 和雷达引导下有可能迫使艇只航行到错误的地方。采用何种搜寻模式取决于基点位置的可靠程度、搜寻目标的大小(尺度)、搜寻单元的类型和搜寻单元的数量等因素,救助人员需要根据实际情况选择最佳方案。

相对其他模式,用快速救助艇实施扇形搜寻需要操作人员不断计算和测定航行距离及新航向,操作复杂且转向频繁,容易使人感到困惑,而且也无法按照搜寻模式准确完成搜寻操作。正因为如此,用快速救助艇实施扇形搜寻是非常困难的。艇员在平时训练中应增加操艇机会,掌握各种搜寻模式的转向时机和方法。学习利用艇的尾迹估计转动的角度,能不使用罗经而使艇转向90°和120°,待罗经停止转动后使艇迅速稳定在新的航向上。在实际搜寻中,利用消耗的时间来确定每段航程长度是一种简单实用的方法。

第二节 海上救助

在海上救助遇险人员,需要救助人员具备高超的技术水平。操作不当,就可能造成遇险人员或救援人员伤亡。在救助过程中,必须充分发挥快速救助艇的作用:(1)搜寻和救助遇险人员,并将遇险人员转移到安全地点;(2)集结救生艇、筏,并使救生艇、筏远离油气、火灾、爆炸,避免碰撞等。

为成功完成上述目标,救助艇的状况至关重要。为保证和提高救助效率,艇长和艇员必须保持正规瞭望,注意搜寻遇险人员和碎片,特别在救助艇高速航行时应尤为注意。

一、救助遇险船舶和救生艇、筏上的人员

一般而言,船舶通常在大风浪中遇险,此时,若对遇险船舶进行救援,救援人员应操纵船舶从上风舷接近遇险船舶,利用本船船体遮挡,使遇险船舶处于下风相对平静的海面。在接近遇险船舶后,救援人员降落位于本船下风舷的快速救助艇,并驶到遇险船舶的下风舷侧,将遇险船员接上救助艇后,再驶回母船的下风舷侧,收回救助艇。

若遇险船舶漂移速度很快,就可能出现遇险船舶与下风舷的救助艇一起漂移的现象,导致救助艇不易脱离遇险船舶。在这种情况下,可将救助艇直接驶向遇险船舶的上风舷侧,保持救助艇的艇首垂直于遇险船舶首尾线方向,以便救人后易于立即驶离遇险船舶。

若遇险人员已在救生艇、筏上待救,前来救援船舶一般都从艇筏的上风接近。当救生艇、筏处于下风相对平静海面时,可主动驶至救援船舶的下风侧待救,或在原地收起海锚,以免缠住救援船舶的推进器,并以艇篙捞取救援船舶投过来的撇缆,收紧后再拉靠至救援船舶。救生筏因漂移速度快,在未处于救援船舶下风时,不要急于收起海锚,避免漂移速度过快,使救援船舶无法靠近。

二、救助水中遇险人员

救助水中遇险人员是海上救助作业中的首要任务,是人道主义的集中表现。浸入冷水中的人员很快就会失去肌肉力量和机体协调能力,从而无法控制自己的行动,因此,他们可能在海上救助过程中的每个步骤都需要别人帮助。对怀疑为患上低体温症的遇险人员,救起行动必须缓慢柔和、尽量使遇险人员保持水平体位,以减少遇险人员血压快速下降的危险。

(一)救起水中人员的一般原则

1. 优先救助那些没有漂浮用具的人员;
2. 优先救助那些没有低温保护装备的人员;
3. 及早向幸存者了解情况,确定是否还有其他人员在水中,或曾经看到过其他失散人员以及其可能漂流的方向;
4. 如发现有许多落水人员,在救助期间,救助人员应为落水者提供临时漂浮用具,如救生圈、救生筏等;
5. 护理所有患上低温症的人员;
6. 除非确信已救起所有幸存者,否则不要离开救助现场。

(二)救助方法

目前有两种救助水面遇险人员的方法:直接救助法和间接救助法。

直接救助是指在救助者和遇险人员之间建立直接接触,而间接救助是指借助各种设备实施救助。直接救助常常对施救者构成危险,因此,在救助水面遇险人员时救助人员应首先选择间接救助法施救。在所有间接方法失败后,方可采取直接救助法。当需要依靠直接方法施救时,应保证每位直接参加救助作业人员熟知可能出现的各种危险,诸如惊慌的遇险人员会拼命抓住救助人员、冷水对水中人员造成过冷危害等问题,并根据作业情况适当着装(如需要,应穿着防低温保护物、脚蹼、泳镜等)。

以间接方法救助水中人员时会使用大量救助器材,常见的救助器材包括:

(1)漂浮物(见图5-6)

①抛投袋(救助绳袋);
②救生圈、救生浮环;
③漂浮绳索。

图 5-6　抛投袋、救生浮环和漂浮绳索

(2)杰森吊篮(Jason cradle),如图5-7所示。

图 5-7　杰森吊篮

(3)人员落水救助系统(充气平台)。
(4)梯子。
(5)渔网等。

(三)实施救助

当以快速救助艇救援在海上漂浮的遇险人员时,应从下风方向接近遇险人员,并在适当的距离将救助艇停住,避免碰到遇险人员。如果遇险人员仍有活动能力,救助人员可抛出附着浮索的救生浮环或救生圈,先将遇险人员拉到艇旁,再将其拉扶到艇上。若遇险人员已经失去知觉,应驶到遇险人员附近并用艇篙小心地钩住遇险人员的救生衣,将其拉至艇旁救起,而后实施急救。

艇员必须清楚艇长所采取各种行动的意图,时刻对事态发展保持清醒认识,应提前准备好所需的各种设备器材,如毛毯、保温袋、热处理器、梯子、爬网、杰森吊篮等。

所有艇员必须熟悉靠近遇险人员的程序,它与救助落水人员作业十分相似。目视搜寻人员应设法始终保持遇险人员在视线范围内并就位于可与艇长进行视觉和语言沟通的位置,协助艇长驶向遇险人员,直至救助艇到达救助区域。艇长驾驶艇在接近遇险人员前应停止推进器,救援人员在艇长指定的舷侧,在选好的方向和恰当位置协助遇险人员脱离水面。

1. 艇长的救助行动

(1)艇长根据海面情况,驾驶救助艇直接驶向水中遇险人员。救助艇通常应由下风方向接近水中遇险人员,同时,艇长应该明确通知艇员:计划在哪一舷救助遇险人员。在海上救助遇险人员比较困难,应事先计划好施救方案和救人的位置:艇体平直的部位经常是对水中遇险人员施救的比较理想位置。几乎在各种场合,选择在艇中位置救起水中遇险人员都是最切实可行的。当然,在某些情况下也可以选择在艇尾处救人。图 5-8 为实施求助示意图。

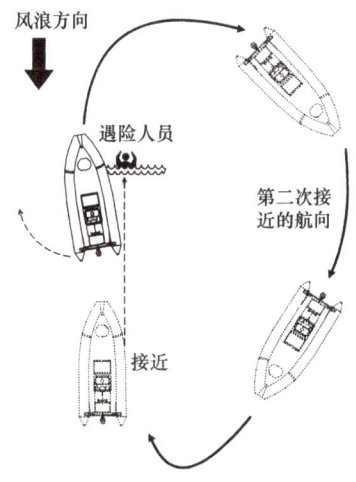

图 5-8 实施救助示意图

(2)在快速救助艇施救过程中,艇长应合理安排控制台周围的人员数量。距离遇险人员至少 2 倍艇长时,应及时降低艇速以能够维持舵效即可。若采用间接方法救助,救援人员可以使用抛投设备救助神志尚清醒的遇险人员。当救助艇靠近水中遇险人员时，艇长必须集中精力操纵救助艇，控制救助艇与遇险人员之间的距离，保持双方处于相对静止状态。

操艇保持艇首迎浪，若遇险人员位于右舷，也可以保持右舷5°～10°迎浪。

(3)操纵快速救助艇的位置

采用螺旋桨推进方式的快速救助艇：

①遇险人员接近艇首之前，艇长应及时停车；

②救助艇凭借惯性，慢慢靠近水中遇险人员；

③遇险人员越过艇首后，艇长应立即转动舵轮，向遇险人员一侧操满舵；

④控制遇险人员的位置：应设法避免救助艇周围海况对遇险人员造成的各种伤害，迅速将遇险人员救到艇内；

⑤根据遇险人员的状况、艇内的位置、海况等情况选择适宜的艇速，将遇险人员运送到安全地点。

采用喷射方式推进的快速救助艇：

①若采用直接方法：艇员抓住遇险人员后应立即降低发动机转速；

②若采取间接方法：当救助艇距离遇险人员数米远时，应抛出抛绳，同时调节发动机转速，控制艇位；

③遇险人员被拉至距离救助艇1.5 m时，应降低艇速至最低限度；

④控制救助艇的艇位，将遇险人员救到艇内。

在救助过程中，艇长必须确保推进器远离水中人员。如果水中人员位于艇的右舷方向，艇长应该立即施以右满舵。在这种情况下，绝对禁止操左舵，否则会造成推进器与水中人员触碰的危险。艇长应该始终保持艇首迎浪，直至水中人员靠近救助艇尾舷，然后控制救助艇以右首舷约5°方向迎浪。允许水中人员漂到救助艇尾舷，在应急情况下这一点非常重要，它可以避免出现艇首被冲开或者压向遇险人员。万一首次救助失败，应尽快重新组织救助。

艇长必须控制好救助艇，保持遇险人员处在尾舷的方向上，因为几乎所有的救助艇的转心都偏在艇尾方向。低速操纵救助艇时，特别在恶劣的天气情况下，应当认识到救助艇的艇首将会与海浪形成很大的角度。

救助艇的艇员接触到遇险人员的第一个反应是：利用救生索系住遇险人员，防止出现人艇再次分离的局面。救助艇艇长应该尽力保持救助艇右舷前端迎浪。如需要，艇长可以操左舵、开出倒车，保持艇体右舷对着水中人员。

这种操纵方式有两个好处：首先，遇险人员的身体在水流的作用下将漂离救助艇，而不会被压在艇下，使救助工作会变得更加容易；其次，如果救助艇艇长在操纵中出现了意外情况，救助艇会向下风方向漂移，使遇险人员离开救助艇。在首次靠近过程中，由于有救生索连接，水中人员并不会离开过远。

若在首次靠近遇险人员过程中没能救起遇险人员，则应操纵救助艇，使遇险人员始终位于旋回圈范围之内。控制遇险人员的位置：应设法减小救助艇周围海况对遇险人员造成的各种危害。根据遇险人员的状况、艇内的位置、海况等情况选择适宜的艇速，将遇险人员运送到安全地点。

2. 艇员的救助行动

艇员应根据艇长的命令各就各位做好救助准备。另外,若采用间接救助方式,应先向遇险人员抛出救生浮环或救助绳袋,遇险人员套好救生浮环或抓住浮球后,救助人员收紧救生索将遇险人员拉到救助艇旁边,然后将其拉出水面扶持到救助艇内。

快速救助艇的特点决定了艇上操作人员较少:除了艇长外,有时可能仅有两名救助人员。在艇尾板处,救助人员采取俯身的行动将遇险人员由水中抬起,常常不能充分利用杠杆作用。一名从未接受过专业训练的人员救起平均体重为75 kg、或许已经失去知觉的人员并不是一项容易的工作。若救助的对象是一位患上低体温症的人员,错误的登艇姿势还会使遇险人员丧命。

另外,人员在水中呈漂浮姿态会对救助产生一定影响。穿着救生衣的人员在水中漂浮角度通常约为45°,而穿着救生服的遇险人员在水中漂浮的角度则不同。由于空气不可避免地分布于救生服内部的各个空间,进而影响穿着者最后的漂浮角度和救援行动。

(1)利用专用设备或器材救助

经验表明:发现遇险人员仅仅解决了问题的一半,救助这些遇险人员将消耗大量时间,而且在救助阶段还会出现许多问题。无论是一个人还是两个人施救,将一个有相当重量的遇险人员救到救助艇上,救助人员必须具备强壮的体魄和充分的智慧。如果遇险人员已经神志不清,救助工作就会变得更加困难。因此,在救助水中遇险人员时,救助人员必须充分发挥各种救助工具的作用,力争救援行动高效快速。

①杰森吊篮

杰森吊篮是一种由高强度塑料模块和不锈钢管件组成的长方形救助工具,能将落水人员从水中以平卧体位迅速提升到艇内,从而避免出现危险的救助后虚脱现象。其操作要点是首先在舷边展开吊篮呈勺子形状,然后套住艇边头部朝向艇尾的遇险人员,提升吊篮将遇险人员经艇缘救到艇内。在救助过程中应注意:一旦抓住遇险人员,应采用水平方式将遇险人员搭救到艇内。也就是说遇险人员应沿着救助艇的艇缘滚动进入艇内,即与垂直拉出水面的动作相反。利用杰森吊篮救起落水者如图5-9所示。

图 5-9 利用杰森吊篮救起落水者

②救助网

救助网通常是由人造纤维制成的绳网,不易腐烂,使用起来简单方便,如图5-10所示。有些救助艇还配备了具有自动收回功能的救助网,极大方便了救援工作。

救助网的使用方法:首先,使遇险人员身体在水面漂浮,并与救助艇首尾线方向平行;然后,将救助网置于遇险人员身下,罩住遇险人员并将其拉到艇内。

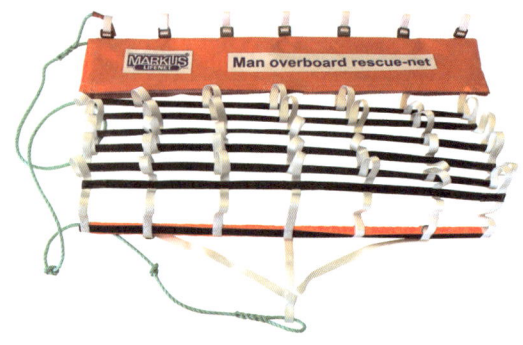

图 5-10 救助网

在使用救助网时,必须保持遇险人员头部朝向艇尾,遇险人员靠近艇舷一侧的手臂应该置于背后,另一只手臂放在体侧。由于采取"滚入"方式将遇险人员救到艇内,不但有利于保持遇险人员稳定,而且有助于救助人员将遇险人员救到甲板上。

如果遇险人员穿着宽松的固有浮力式救生衣,遇险人员一般被安放在艇内靠近尾板处。

不管采用何种方法,救助艇干舷越高,救助工作的难度越大。

③登艇梯

许多高干舷救助艇在艇尾装设了登艇梯(登乘梯),供水中遇险人员登艇时使用。如果遇险人员还具有攀登能力,这种登艇方法当然可行。然而,更常见的情况是遇险人员已筋疲力尽,无力游向救助船艇,更无法单独完成攀爬动作,因此在实际救助过程中,遇险人员在攀登登艇梯时需要救助人员给予一定帮助。

除末端踏板外,很多登艇梯的其他踏板通常为木质的,这样有利于梯子漂浮于水面。与金属梯子相比,在寒冷气候中,攀扶木质梯子更不容易使遇险人员手臂受伤。

④舷外机

利用快速救助艇上安装的舷外机吊起水中人员是可行的。遇险人员站在阻气板上,在起升舷外机过程中应紧紧抓住艇机,特别注意不要滑倒或夹伤身体。如果舷外机旁安装了艇机倾斜按钮,这种方法也可以用于自救。协助落水者登艇如图 5-11 所示。

图 5-11 协助落水者登艇

(2)利用绳索救助

若救助艇上没有专用的救助设备或器材,艇员也可使用首缆、拖缆或其他绳带救起水中遇险人员。

①单人施救

如果救助艇干舷较高,可先使水中遇险人员背对艇体,再用绳子穿过其双臂腋下,绕过胸部从脑后引回艇内,拉紧绳的两端,将遇险人员提到艇内。救助时,尽量使用衬垫减少遇险人员的不适感。

②双人施救

如果遇险人员体重较大,可采取多人参与救助。首先让水中遇险人员仰浮在艇旁,然后取两根粗绳,将绳的一端分别系固在艇上,两根绳子间距约 1 m。绳的另一端分别从水中遇险人员身下穿过,其中一根绕过水中遇险人员的胸部,另一根绕过大腿中部,返回艇员手中。艇员平稳拉动两根绳子把水中遇险人员翻转进艇内。

(3)徒手救助

①单人徒手救助

如果只有一名艇员施救,应让水中遇险人员面向救助艇,两臂上举;艇员两臂交叉抓住遇险人员双腕;艇员将遇险人员提出水面,同时将交叉双臂展开,遇险人员螺旋运动一周被提到艇上,如图 5-12 所示。

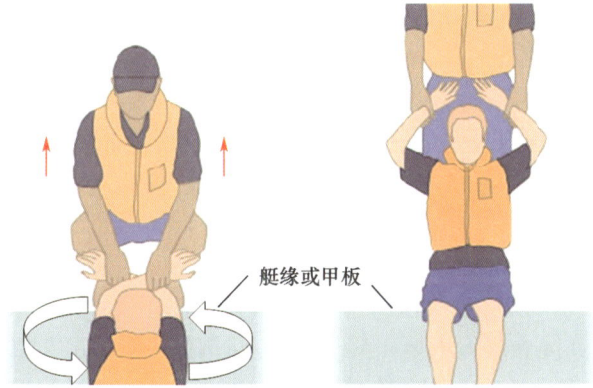

图 5-12　单人徒手救助

②双人徒手救助

有些救助艇干舷较低,艇员在艇上探出上身就能伸手够到水中遇险人员。两名艇员把遇险人员转成背对艇体的直立体位,然后在遇险人员两边各将一只手放到落水者腋下,另一只手抓住艇缘,同时用力提起遇险人员;海面平静时,两名艇员可各用双手将人拉起。先把遇险人员放到艇缘能坐下的位置,然后再放平遇险人员转入艇内,如图 5-13 所示。

图 5-13　双人徒手救助

3. 救起水中人员的注意事项

使用快速救助艇救助水中遇险人员的最常见方法是：两名艇员用体力直接将水中遇险人员提起，拉进艇内。这或许是救助水中遇险人员最迅捷的方法，但它对艇员的身体素质要求非常高。在实施救助过程中，使救助艇向救人舷侧横倾，降低干舷高度有利于救助操作，但应注意保持救助艇平衡。软的救生网在水中无法保持特定的形状，使用起来相对困难。因为救生网被绊住和缺乏刚性会影响对遇险人员的控制，救助人员难以将水中遇险人员放入救生网内。由玻璃纤维增强塑料和不锈钢制成的杰森吊篮是刚性连接的网，布放简单方便，救人时需要较小的提升力量，使得提升操作更安全迅速。在救助水中遇险人员时应注意下面问题：

(1) 救助水中遇险人员的动作应柔和，否则可能导致受冻严重者心脏衰竭；

(2) 随时扶住遇险人员的头部；

(3) 与遇险人员交谈，使他能听见你的声音；

(4) 让遇险人员处于救助艇的上风舷，这样有利于将其提拉到艇内；

(5) 在遇险人员登艇以后，应尽量将其安置在不受外界影响、比较舒适的地方；

(6) 及时给予急救。

(四) 遇险人员的急救和护理

根据艇长的命令，安排遇险人员的位置。治疗方法主要取决于求生者当时的状况和可以使用器材的情况。若遇险人员处于半昏迷或完全昏迷状态，应立即与船上或岸上医疗机构取得联系，以获得护理和转运遇险者等方面的技术支援。在等待医疗指导期间，应采取如下急救行动：

1. 自冷水中救起遇险人员以后，应轻轻地将他转移到温暖的环境中，野蛮搬运遇险人员会使其遭受更加严重的伤害。如果仅需要遇险人员使用极少配合动作，就可脱去遇险人员的衣服，应去除其湿衣服但不要叫醒他，也可使用保温用具减少其体热散失。

2. 除了呕吐者之外，应保持遇险者面部向上、头部稍微向下的平卧体位。这一点非常重要，因为过冷遇险人员处于低血压状态，低头位有利于为大脑提供足够的血液。

3. 如条件可行，通过呼吸面罩为低体温症患者提供温暖湿润的氧气。氧气不但可以帮助呼吸困难或呼吸频率较低的遇险者提高机体再生能力，而且也有助于其恢复体温。若遇险人员呼吸困难而且又没有其他可用的救助形式，建议采用口对口人工呼吸复苏术。

4. 在有些场合，你必须主动帮助遇险人员恢复体温；而在另外一些场合则根本不需要帮助遇险者复温。在决定采取何种行动之前，必须了解下面两种不同形式的低体温情况：

(1) 慢性或慢性发作的低体温症患者

此类情况多发生于人员长时间（从几小时至几天）暴露于寒冷的环境中。大多数慢性过冷病例发生在气温 $-1 \sim 10\ ℃$，遇险人员往往过高估计自己的耐寒能力，而产生认识错误，忽略了在如此低温中淋湿的危险。遇险人员在船舶甲板上工作因出汗、下雨或者溅起的浪花和飞沫而淋湿，因为慢性过冷的形成过程需要一定时间，其可能经历体液和生化变化。由于这些原因，不要使遇险人员复温。对于冷水中的溺水者，必须尽快把慢性低体温遇险人员送到医院。

(2) 急性或快速发作的低体温症患者

急性发作的低体温症是遇险人员长时间浸入冷水中的结果。由于水的导热速度比空气的导热速度快 26 倍,浸入水温低于 22 ℃的水中,人体无法产生足够热量补偿散失到水中的热量,最终出现低体温症。浸入冷水中的人员仅需要 10~15 min 就可以出现急性低体温,这主要取决于当时的水温和人员的身体状况。发现急性低体温遇险人员以后,不要耽搁,立即为其恢复体温。延误复温时机或者复温不足,即使是神志清醒的低体温遇险人员,在看似成功救助后仍然会死亡。推荐下面恢复体温的方法,最好按照顺序进行:

如使用浴盆帮助遇险人员恢复体温,应将遇险人员放入水温 40~45 ℃的浴盆内,或者护理人员将手放入浴盆内,感觉温度适宜即可。在帮助遇险人员恢复体温过程中,应当保持其手脚在浴盆之外。

如采取淋浴方式帮助遇险人员恢复体温,应避免水首先淋到遇险人员的四肢,因为给四肢增温过快,会造成较冷血液由四肢回流至身体中心,进一步冷却身体核心的温度。

在患者头、颈、腹股沟、胸部和腹部敷上温度大约 45 ℃的湿热毛巾,不要给其手臂和腿部加热。

通过与遇险人员身体直接接触用自己身体帮助其恢复体温,然后,裹上毛毯保存热量。除非在温暖的环境中,没有热源补充热量,单独用一张毛毯包裹低体温遇险人员是没有效果的。这是因为他不能产生足够热量自己恢复体温,而毛毯又使其与外界温暖的环境隔绝。

三、从救生艇、筏上救助遇险人员

此处的救生艇、筏包括气胀式救生筏、开敞式救生艇、全封闭式救生艇和其他各类水上救生浮体。如今全封闭式的救生艇已设计成为一种极佳的海上待救平台,救生艇内不但配备了遇险人员维持生命必需的淡水和食物,而且全封闭式救生艇还具备良好的稳性和自行扶正能力。但是,救生艇、筏在风浪中容易出现剧烈摇摆和频繁晃动。救生艇、筏通常不适合顶浪航行和操纵。许多全封闭式救生艇普遍存在进出口狭小、人员登乘困难等问题,救助及转移遇险人员的工作会因此而变得更加复杂。接近救生艇、筏前,救助人员必须仔细评估下列每种情况:

(1)立即转移人员是否安全和必要;

(2)等待天气/海况改善或者通过其他方式转移(如使用直升机);或

(3)不转移人员,而采取直接拖带救生艇、筏的方法是否安全和妥当。

1. 从救生艇上救助转移人员

许多获救者的经历表明:当海况恶劣,救助艇试图靠近时,救助艇与救生艇、筏之间会发生剧烈碰撞,此时,遇险人员选择留在救生艇、筏内等待救助更为安全。除非特殊情况,救助人员只需要将救助艇停留在附近海面,注意监控救生艇、筏和遇险人员即可。海况好转之后,继续救助作业。

目前,全封闭式救生艇可以长时间保证艇内人员在海上安全漂浮待救。在很多场合,遇险人员没有必要立即撤离救生艇。全封闭式救生艇在舱门封闭、所有人员系好座位上的安全带后,即使救生艇倾覆,也可以自行扶正。这些救生艇在满载全部乘员和属具的情况下,以 6 kn 航速可以连续航行 24 h。油船配备的全封闭式救生艇,装备了储压式供气系统和可以向艇体外表面喷水的洒水系统,可以使救生艇在有火或有毒的环境中承受 10 min,但这种艇的舱口较小,造成人员进出困难。即使在较平静海况下,转运受伤或患病人员也非常危险,必须全面考虑各种问题。

救助艇的艇长要充分考虑到,由救生艇,特别是由全封闭式救生艇上转移人员通常会面临许多具体问题。例如:如何管理好受到不同程度惊吓,处于恐慌之中的遇险人员。转运这些人员常常需要得到各方面的帮助,必须在快速救助艇和救生艇之间建立有效的沟通渠道,每次人员转运必须处于严格的、有效的控制之中。

为了给快速救助艇提供一个良好、稳定的转运条件,如果海况良好或较好,建议救生艇艇长自己操纵救生艇,保持艇首迎风、顶浪。转运人员时,操纵快速救助艇直接靠上全封闭救生艇。

若海况很差,或者发现救生艇艇长无法保持艇首迎风、顶浪,在进行转运作业前,救助艇的艇长应建议救生艇艇长,操纵救生艇使艇尾迎浪,同时在艇尾处施放海锚。值得注意的是:救生艇没有艇速时难以操控,此时,应使用海锚,帮助控制方向。

救生艇一旦转向为顺浪漂航且相对稳定时,快速救助艇艇长应控制艇位与救生艇平行,然后靠近救生艇。为最大限度控制救助艇,快速救助艇在接近遇险人员之前,可以根据需要在艇尾施放一只小的用于控制方向的海锚。两艘艇一经靠上,应立即进行人员转移作业。作业中,快速救助艇艇长应充分利用救助艇良好的操纵性能,快速作业。如可行,保持推进器处于进车状态,以保证救助艇具有足够的舵效。快速救助艇在不利海况和风力较大的情况下保向非常困难,艇长必须注意这一点,使用海锚保向,可以有效克服这方面的困难。

2. 由救生筏救助转移人员

救生筏和快速救助艇在水面上的高度一般很低,所以由救生筏向快速救助艇运送人员比较容易,但必须考虑如下几个方面:在不利的海况和大风作用下,救生筏会向下风方向漂移,而且漂移速度非常快。救生筏漂移速度主要取决于救生筏的受风面积。每只救生筏内均配备了海锚,乘员应充分利用海锚,降低救生筏的漂移速度,同时,海锚也有助于提高救生筏的稳性。

救生艇、筏集结在一起时,它们不仅可以起到增大目标便于被发现的作用,而且还可以相互照应。除非恶劣的海况造成救生艇、筏分离,否则应将救生艇、筏集结在一起,以便实施海上救助。建议救生艇、筏之间应使用长度至少为10 m的结实绳子连接,绳子强度应能防止艇筏在恶劣天气中分开。救生艇首尾处设有供连接吊艇索的吊艇钩,艇首还有专用的首缆固定装置,因此,在刚性救生艇上系固此种缆绳不会存在多大问题。

发现救生筏后,应立即将快速救助艇驶向救生筏实施救助。快速救助艇艇长必须清楚:如果救生筏施放了海锚,那么海锚一定位于救生筏上风海面之下。

快速救助艇艇长应操艇由救生筏的下风海面顶浪靠近,救生筏正横以后,操艇靠上救生筏。注意应始终保持艇首迎浪,救助艇和救生筏靠上后系好缆绳。另外,救助艇艇长应注意防止在救生筏的缆绳上产生过大的拉力而使其崩断。必须尽量保持艇首迎风顶浪,以便最大限度控制艇的运动。艇长必须仔细观察周围是否有开花浪,因为这种浪会使救助艇产生很大的加速度,使得与之相连的救生筏承受很大的应力。艇长应命令艇员放松缆绳,必要时,可以解开缆绳,等待海面状况转好后重新靠上。

即使在平静的海面,转移人员也不是一件轻而易举的事情,而在恶劣海况下施救会更加困难。救生筏的筏底比较柔软,人员进出上下起伏、左右摇摆不定的救生筏非常困难,所以在进行人员转移之前,建议救助人员和遇险人员之间建立一条较为安全的"通道"。最好使用担架转移救生筏内因伤而活动能力受到限制的人员,而且只有在担架一端的绳索已经传递并固定在救助艇以后,方可进行人员转移作业。

四、向母船运送遇险人员

利用快速救助艇运送遇险人员上船主要有直接和间接两种方式。

直接方式是借助快速救助艇将遇险人员直接营救到母船甲板上的运送方式。《国际救生设备规则》要求船上快速救助艇降落回收设备能起升满载额定乘员和属具的快速救助艇,因此若包括伤员在内的艇未超过其满载定额,当然可以使用降落回收设备把遇险人员直接运送到船舶的艇甲板上。因省去了转移人员或搬运伤员等中间环节,直接方式所需时间更少、效率更高。

间接方式是在快速救助艇停靠母船后再经由水面的其他救生设备向船上转运人员的方式。当遇险人员较多时,选择由水面快速救助艇救起遇险人员直接登船似乎是一种较快捷的救助方法,但也要考虑反复进行快速救助艇的降落和回收操作对操作人员和艇上人员的人身安全带来的潜在危险。如果采取的救助方案是将遇险人员置于条件更为严苛而他们又无能为力,甚至还可能导致救助失败的局面是不可取的。在实际操作中,采用间接方式运送人员在很大程度上受限于天气情况,不管是否使用首、尾缆绳,从旁靠的小艇上转移人员都是困难的。

现有的船用救生设备如无棚两面可用吊放式救生筏,可用作转运伤员的中转平台,然后再将伤员起升到船甲板上(船员可降落到救生筏协助水中遇险人员登上救生筏)。另外,也可使用 MES 之类的由水面平台及滑道和配套的手脚等把手组成的设备帮助人员爬到甲板上,该设备应能帮助失能伤员。

五、由快速救助艇向直升机运送人员

运用直升机实施海上搜救,具有出动快速、机动性强、受天气海况影响小、视野开阔搜寻范围大、救助成功率高等特点,是一种高效的海上人命救助手段。目前,海上搜救直升机主要采用三种救援方式:一种是自动搜索方式,主要借助自主导航和卫星导航系统,采用固定搜索模式,通过自动定位系统,对目标展开既定范围的搜索;一种是绞车-救生员方式,救援直升机在预定地点上空,运用绞车下放救生员,找到遇险人员后再用吊具把遇险人员救到直升机上;还有一种是机降方式,即直升机直接降落到陆地或船上,将遇险人员救起。救助艇一般采用第二种方式向直升机转运遇险人员。在任何与直升机相关的作业中,快速救助艇艇长和艇员必须清楚直升机机组人员是专业人士,应服从他们的安排。

1. 通信

与直升机作业相关的通信联络应在直升机抵达前建立起来。因噪声、下冲气流等影响,等到直升机到达现场后再联系是不可行的。按规定参与海上搜救的航空器与搜救船舶和海上遇险船舶之间的通信联络,可以使用 HF 2 182 KHz、4 125 KHz 以及海上应急频率 VHF FM 156.8 MHz。156.8 MHz(16 频道)是国际船舶遇险呼叫频道,快速救助艇或船舶通常使用船用甚高频无线电话 16 频道与搜救直升机保持通信联络,此外双方还应指定一个备用频道。通信的具体内容包括伤员情况、转运方法和要求快速救助艇艇员配合的相关事项。其他信息可能来自母船,如现场的位置和状况等。对于艇上人员,艇长必须告知艇员操作要求、他们的任务、瞭望的目标和潜在危险。

另外,艇上人员还可使用下列手势与直升机机组人员近距离沟通交流,如图 5-14 所示。

表示肯定或已准备好:手臂上下移动;

表示否定或作业已结束:手臂左右挥动。

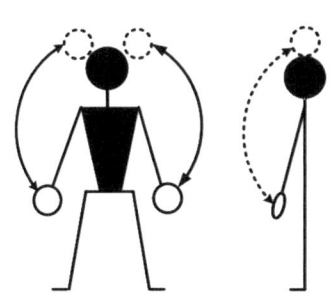 

图 5-14 已准备好的手势(左图);作业已结束的手势(右图)

注意:直升机旋翼产生的气流有可能将人员吹落水中,也会使能见度下降,而且伴随而来的噪声使得现场通信非常困难,甚至中断,因此直升机到达头顶前,艇长必须确定甲板上指挥者和手势信号。常见的用于吊升作业的信号如下:

勿吊升:手臂水平伸平,手指紧握,拇指向下;

吊升:手臂抬高到水平线以上,拇指向上。

在直升机机组人员登艇安置专用吊升担架之前,如有条件,应将准备转移的受伤或患病人员放于艇内。

2. 准备工作

准备好艇。现场不得留有未加固定的松散物品。准备好待转运的人员,禁止穿着宽松肥大衣服、戴帽子和戴眼镜。除重伤人员外的所有被救人员必须穿上救生衣。

特别在使用引导拉索时应戴上手套。

清理出操作区域,现场不得留有诸如碎片或其他船艇等障碍物。

艇长应集中精力操艇,设法保持绞车手或吊带/引导拉索在视线范围内,因此其他艇员必须作为瞭望人员注意观察情况,特别留意是否有物体碎片或其他危险物品。

3. 作业中的危险

静电:在释放静电前不要用手接触救生员或吊索。

噪声:当直升机靠近时,巨大的噪声会使通信变得非常困难。

水花飞溅:可导致视线降低。

吃水增加:可造成艇体变形。

固定连接:禁止在直升机和救助艇之间固定连接任何绳索。

炫目灯光:禁止在直升机附近使用火箭降落伞火焰信号。切勿直接对着直升机开启探照灯来引起注意。

倾覆危险:除非绞车手另有要求外,艇员在作业期间应始终坐在座位上,不得随意走动。

除非请求,否则不要帮助绞车手。

4. 注意事项

目前在海上从事搜救作业的直升机和采用的救助方法多种多样,这需要根据当时的作业条件,如风速和风向、海况、能见度和安全操作水域以及某些救助组织的习惯确定机型和救助方法。在商船快速救助艇上工作,艇员的工作经验,特别是艇长的指挥能力和操艇水平至关重要,而这些恰恰是直升机机组人员无从了解的。

另外,不同类型直升机的"安全接近区域"会略有差异,让商船快速救助艇上的艇员知道所有情况是不可能的。因此在直升机靠近救助艇时,最常见的做法是直升机驾驶员要求快速救助艇要么保持静止不动,要么以某一航向定速航行,其余工作则全部由直升机完成。对于多数直升机而言,"安全接近区域"位于其右舷正横方向,所以人们会发现直升机总是在快速救助艇的左舷接近。这主要有以下几方面原因:这里是驾驶员乘坐的位置,所以他们有着良好的操作视野。大多数海上搜救直升机绞车安装在右侧舱门附近,绞车手也是在此处待命。直升机接近水面时,可减少艇体下沉和水花飞溅。在发生紧急情况时,他们总是向左侧迫降。在失去动力时,前方是他们降低机头以获得速度产生升力的区域。

5. 转运方法

直升机可在快速救助艇处于在航状态或静止状态下采用下列技术完成转运人员作业:

(1)直升机放下引导拉索(也称作高索);

(2)降下救生员;

(3)直升机降放救助吊带。

快速救助艇停车,实施"静止状态下转移人员"。机组人员首先会要求快速救助艇停车及布放海锚,然后直升机靠近放下引导拉索/吊索/救生员,记住在接触吊具前一定要释放静电。若直升机机组人员对快速救助艇不甚了解或天气及海况很差,应采用其他方法。

6. 引导拉索

直升机常常将一根带有配重物的绳索放到水面,在快速救助艇上面进行操作。引导拉索的作用是将救生员或救助吊带拉到艇内。使用时,艇员拉紧引导拉索上松弛的绳段,保持它始终受力,同时盘好不受力的绳段。若直升机放下吊带,准备转移的人员应套上救助吊带,然后向直升机显示人员已做好吊升准备。待绞车吊索受力后慢慢送出引导拉索,但应保持引导拉索受力以防人员空中旋转。只有直升机发出指令后才能松开拉索,注意拉索末端的配重袋。

7. 直升机吊升用具

在转移人员过程中,直升机通常使用一些特殊的吊升用具,如:救助吊带、双人吊带、救助吊篮、救助吊网、救助担架和救助吊座等。

(1)救助吊带

救助吊带是直升机最常用的吊升用具,适合于吊起和转移人员,但不适用于转移伤病员,如图5-15所示。在直升机救助过程中,若需要使用吊升钢索实施救助,则应注意遇险人员不要接触吊升钢索的任何部位,直到它接触海水放电为止。直升机驾驶员应先让钢索接触海面,以除去静电。待吊起人员绝对不能坐在吊带中,也不能让吊带脱钩。尽管救

生吊带的形状和结构有所差别,但其穿着方法基本与人们穿着外套的方法相似。救助吊带使用方法如下:

①先穿上救生衣,再套上吊带。

②头及双臂穿过吊带。

③确定吊带固定在腋下,向上调高背后吊带的位置。

④面对吊钩,拉下胸前固定锁扣,使吊带拉紧围住胸部。

⑤一旦安全地固定在吊带内,已经准备好吊升时,可向绞车手做大拇指向上的手势或是眼睛直视直升机。

⑥吊升时两臂自然下垂,或者在胸前握紧吊带。

⑦当到达直升机舱口时等待指示,由直升机上人员接收进入机舱。

图 5-15　救助吊带

(2) 双人吊带

一些搜救直升机使用一种称为"双起吊"的方法,由一名普通救助吊带和一个特制的座带组成,座带上有一名直升机救生员。这种方法适合于从水中或甲板上吊起虽已失去正常活动能力,但伤势不重,可不使用担架的遇险人员。直升机上的救生员帮助遇险人员穿好救助吊带,然后指挥吊升操作。

(3) 救助吊篮

救助吊篮也是搜救直升机的主要吊升用具,可以在任何天气中进行吊升和转移人员。在吊篮提手及篮筐四角装有铰链,存放时可把提手折入筐内。吊篮的浮具可提供浮力,筐架可保护吊升人员,防止出现坠落或直接撞击艇上设备等情况,如图 5-16 所示。

图 5-16　救助吊篮

使用救助吊篮救人时,不需任何特殊处理,只要待救人员爬进篮内,保持坐下姿势及抓紧吊篮即可。但使用时受风的影响很大,不可掉以轻心。

(4）救助吊网

救助吊网由侧面看如同鸟笼,有一面是打开着的,如图 5-17 所示。使用救助吊网救人时,只要待救人员进入网内面朝外坐下,抓紧吊网即可吊升。吊网较轻,使用时受风影响较大。

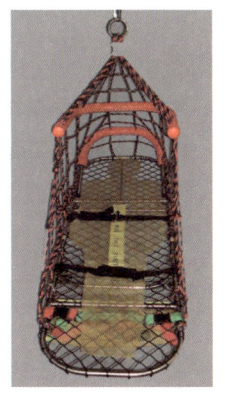 

图 5-17　救助吊网

(5）救助担架

伤病员大多用救助担架救助。救助担架通常由直升机提供,主要用不锈钢管和网制成,有连体式和可拆分式两种。可拆分式担架便携,易堆叠,大大缩小了所占用的空间。担架上配备安全绑带,可以有效固定伤员,卡扣设计使用更便利。配备的吊索能与直升机绞车吊索上挂钩连接。由浮力附件提供的浮力可保证担架漂浮在水面上,如图 5-18 所示。

在把伤病员在担架上放妥后,通常由直升机救生员将所有绑带系紧。注意在伤员登上了直升机后,要从挂钩上取下担架。

(6）救助吊座

救助吊座非常像有两个水平锚爪的海军锚,一次可以吊升一名或两名人员,如图 5-19 所示。

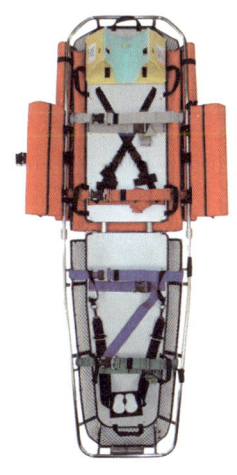 

图 5-18　救助担架　　　　　　　图 5-19　救助吊座

吊升一人时,被吊人员可以跨坐在两个座位上,双手抱住锚杆,系好安全带即可;吊升两人时,被吊人员面对面各自跨坐在一个座位上,各自系好安全带即可。

8. 转移人员的作业方法

快速救助艇向直升机转移人员主要有两种接近方式：直升机飞抵快速救助艇和快速救助艇驶向直升机。

(1) 快速救助艇定向定速航行，直升机抵近作业现场

如果采用这种作业方式，快速救助艇应按直升机要求保持一个稳定航向和航速航行，快速救助艇通常应保持左舷15°受风（类似直升机和船舶之间操作），随后直升机由快速救助艇左尾舷方向向着正横方向靠近，与快速救助艇保持同向同速飞行。当周围环境状况满足操作要求，而且直升机驾驶员认可艇长保持稳定航向和航速的能力时，机组人员就会调整直升机姿态与救助艇保持相对静止，然后放下吊带/引导拉索或降下绞车手在快速救助艇上方有条不紊地进行转移人员作业。操艇人员应调整艇速尽可能减轻由拍击和纵摇等引起的快速救助艇摇摆晃动，降低作业难度。记住，除非机组人员有要求，否则不要试图帮助绞车手；释放静电前不要触碰吊具的任何部位。绞车手经常选择快速救助艇艇首作为降落区域。对救助艇艇长而言，人员转运地点最好位于艇长视线范围的后面，这样可以使艇长集中精力控制航向和艇速，而不必为照看进行的转运作业而分散注意力。艇长应记住救生员进入艇内就意味着现在艇上一个特殊位置增加了一个艇员，因此需要调整吃水差和速度。救生员登艇后立即解除吊索，直升机离开。艇员按照救生员的指挥转移伤员。

(2) 直升机保持一定的航向和航速飞行，快速救助艇驶向直升机

这种方法不常采用，因船上快速救助艇艇员没有机会接受针对此种情况而进行的专项训练。直升机先确定一个迎风的航向及相应的飞行速度，快速救助艇则在水面与之同步航行，待直升机驾驶员确认后，艇长应加速直接驶近直升机。快速救助艇艇员应提前掌握直升机的安全区域及其位置，应在安全区域内接近直升机。艇长可观察绞车手的位置并以此作为参考点。艇上其他艇员应协助艇长保持正规瞭望。艇长应选择合适的艇速尽量使操艇人员和其他艇员没有明显的不适感，艇体没有明显的纵摇和拍击现象。所有艇员必须坐好，不要试图帮助绞车手，除非他有这样的要求。一般而言，艇首附近是绞车手瞄准降落区域。在这种作业方式中，人员转运地点最好选择在艇长的前方，可以使艇长在整个作业过程中有最佳的视线。随着接近直升机，艇将遇到强劲的直升机下冲气流，艇长必须对此做好准备。不要直接驶到直升机正下方，机组人员会将绞车手送到艇上。一旦结束作业应立即右转离开，尽量保持在安全区内。

9. 旋翼向下气流的影响

来自悬停直升机旋翼的向下气流对静止的快速救助艇造成严重影响。由直升机至救助艇的向下气流大约成45°角，气流会在靠近直升机前方周围水域推压救助艇，可能会使小型救助艇在水中旋转，妨碍向艇上降落和转移人员及物资。

盘旋中直升机接近非在航的快速救助艇时，艇将被向下气流推向前方并旋转，直升机直接悬停在艇的上空非常困难。为克服其影响，艇应以大约15 kn的速度航行。在直升机接近艇时，艇长牢牢抓住艇体，然后直升机悬停在艇的上空，艇长应注意观察直升机的前进速度。由于艇在直升机的正下方，直升机驾驶员不能看到救助艇的，难以控制直升机和艇的相对位置。直升机驾驶员需要依靠直升机机组人员的指引以及艇长操控航向和航速的能力，及时判断操控。

10. 直升机故障

如果直升机发生机械故障,直升机就将驶向附近安全地点。若此时正在进行吊升作业,直升机机组人员会切断吊索,将吊升的人员投向海面,同时决定是否需要将直升机也迫降到海面。如果出现这种情况,救助艇艇员应立即操纵救助艇离开,防止直升机旋翼伤及人员和损坏救助艇。救助艇艇员应根据情况救助直升机的机组人员。

第三节 拖带救生艇、筏

救助艇的一个主要用途就是拖带编成一组的救生艇、筏,所以,快速救助艇艇员必须掌握拖带的相关知识和操作技能。

一、拖带前的准备工作

1. 艇上配备的拖带设备

刚性快速艇上的拖带设备一般包括:两个位于自扶正拱形门下面的单十字拖缆桩和一根长 50 m 的有足够强度的拖缆。

2. 拖带前准备工作

为保证拖带作业安全,必须建立有效的通信联络。艇长在抵达出事现场前应与遇险人员取得联系,了解其基本情况并告知救助艇位置和意图。救助艇的艇员应在到达现场前准备好相关设备和信号,了解在出现紧急情况时解除拖带的程序。

拖带前,艇长必须针对当时的具体情况向每位艇员详细讲解准备实施的步骤,包括:

(1)接近的方式;

(2)何时及由何处传递拖缆;

(3)如何传递拖缆;

(4)特殊的安全注意事项。

通常,艇长为确认救助艇能否靠近遇险艇筏,首先采取绕该目标行驶一周的方式。在开始接近前,艇长应确保所有艇员做好相应准备工作,遇险艇艇员明了拖带作业程序,并做好接收拖缆的准备。

二、接近被拖带目标

艇长根据当时天气条件和遇险性质,正确评估周围形势,确定合适的接近方式。

1. 选择驶进目标的方式时,应考虑下面一些因素

(1)待拖带目标的尺寸和类型;

(2)救助艇的操纵特点;

(3)待拖带目标和周围危险物标的位置,例如救生艇、筏施放的海锚以及风浪对它们的影响;

(4)救助艇的漂移速度。

2. 在风中，待拖带目标通常处于下面四种漂浮状态

（1）横风漂移；

（2）顶风漂移；

（3）顺风漂移；

（4）偏顺风或逆风漂移。

艇长应综合分析各种情况并制定最佳方案接近目标，选择合适的时机和地点传递和连接拖缆。先操纵救助艇使航向与待拖带目标漂移方向保持一致，并通过倒车控制艇速的方法确定双方漂移态势。如果待拖带目标逐渐漂离，则表明其漂移速度明显快于救助艇。由下风方向靠近待拖带目标，应注意待拖带目标，特别是体积较大的救生艇、筏可能会挡住风，使待拖带目标快速向救助艇方向漂来。因此在接近待拖带目标时，必须注意观察风力变化情况，及时调整救助方案。由于缺乏应对强风的心理准备，会导致碰撞造成艇只的严重损坏。

3. 快速救助艇接近待拖带目标的方式

（1）平行靠近

平行靠近，一般用于海面平静、天气良好且待拖带目标漂移速度较慢的场合。救助艇由拖带目标上风方向艇尾附近驶近，待靠近目标后传递拖缆，并在待拖带目标前面安全位置停车等待连接拖缆，如图 5-20 所示。

（2）横向 T 形接近

如果海面为中到大浪，海况很差或待拖带目标漂移速度快时，可使用横向 T 形接近目标的方法。救助艇顶风顶浪横越待拖带目的艇首，在救助艇经过待拖带目标艇首时迅速传递拖缆，如图 5-20 所示。

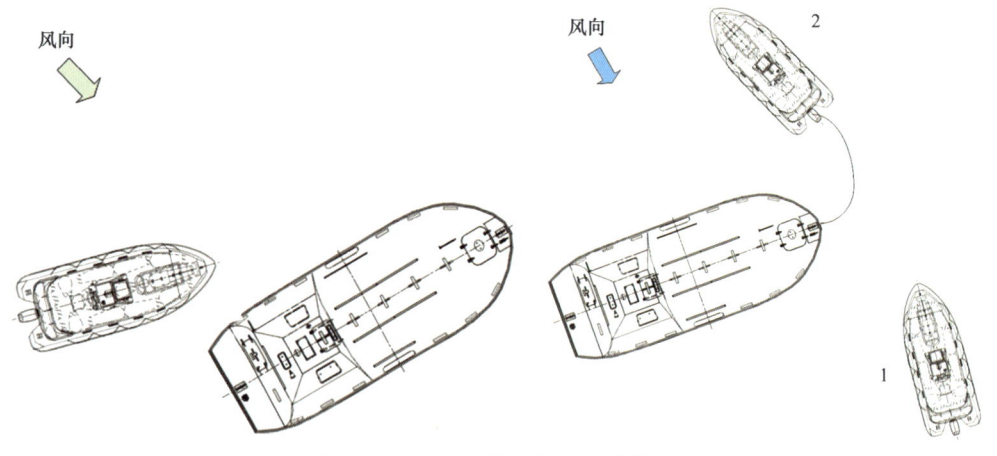

图 5-20　平行接近和横向 T 形接近

（3）45°角接近

如果海况为轻浪到中浪，也可以采用 45°角接近法靠近待拖带目标。救助艇以艇首与待拖带目标艇首呈 45°角靠近，并在艇首越过目标艇首前传递拖缆，如图 5-21 所示。

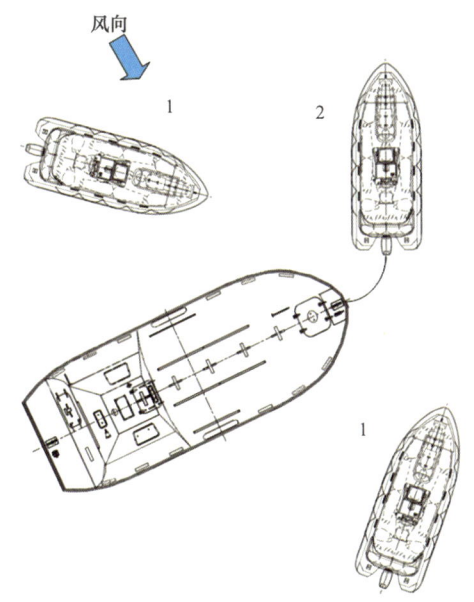

图 5-21　45°角接近

（4）后退接近

救助艇向后倒车接近拖带目标的艇首，传递拖缆，保持在待拖带目标前方安全距离内完成系拖缆工作。这种操作方式下艇长无法清晰观测拖缆作业，而且存在拖缆绞进螺旋桨的危险。

4. 传递拖缆

在平静海面，救助艇应尽可能靠近待拖带目标直接传递拖缆。送出的拖缆长度应足够待拖带目标上艇员作业使用，但拖缆不得送出过多，以免拖缆绞缠到螺旋桨上。

三、拖带方式

快速救助艇可通过两种方式执行拖带作业：旁拖和吊拖。

1. 旁拖

旁拖是指救助艇旁靠在被拖带救生艇、筏的尾部、舷边并用缆绳系固，将它们作为一艘艇使用的拖带方式。这种拖带方式可以最大限度地控制被拖救生艇筏，主要用在狭窄水域实施的拖带作业，例如在受限制水域或把被拖带救生艇筏旁靠在救援船边。一般而言，旁拖不是快速救助艇的主要拖带方式。

（1）旁拖的操作步骤

抵达前准备好缆绳；

艇长告知艇员拖带方式；

若可行，应与被拖带的救生艇、筏建立通信联系；

注意救生艇、筏布放的海锚。

迎风接近。

由舷侧旁靠或尽量接近被拖带救生艇、筏，迅速传递缆绳。注意始终保持缆绳高于水面，特别应远离螺旋桨。

救助艇与被拖带的救生艇、筏的布置应使拖带艇的螺旋桨/喷口方向与准备拖带的方向相反。被拖艇艇首应偏向拖带艇,理论上讲应使它们合二为一,成为一个整体。

使用两根控制索,一根在艇首作为首缆,另一根引向艇尾当作倒缆。若在狭窄水域操作,则需要更多缆绳。旁拖时使用4根缆绳的操作方法:

向被拖艇送出首缆,也可将拖缆从艇首引出作为首缆。收紧尾倒缆以利于控制被拖艇。系固首缆,使被拖艇艇首向稍微偏向救助艇。系固首倒缆和尾缆。缓慢倒车,使首倒缆松弛,然后重新收紧。缓慢进车,使尾倒缆松弛,然后重新收紧。一旦这些缆绳都收紧挽牢,就可拖航了。图5-22为旁拖示意图。

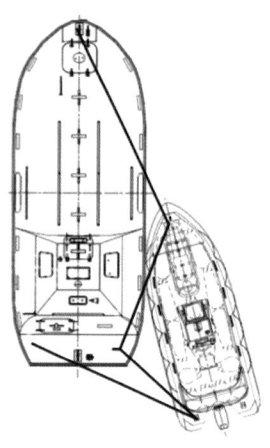

图 5-22　旁拖示意图

(2)旁拖时各缆绳的作用

首缆,从救助艇艇首尽可能连接到被拖艇艇首,其作用是保持被拖艇艇首靠拢救助艇艇首。如果它太松,救助艇在前进时,两艇艇首就会呈楔形张开。

尾缆,从救助艇艇尾舷内侧连接到被拖艇的艇尾外舷,其作用是将两艇艇尾系固在一起。

首倒缆(如有),从救助艇艇首连接到被拖艇的艇尾,用来承受艇在前进时所产生的拉力。

尾倒缆(如有),从救助艇艇尾连接到被拖艇的艇首,承受艇在向后运动时所产生的力。

倒缆用来控制两艇的浮动,它们应尽量分别系在靠近首尾之处,并与首尾线平行,才能更好地承受向前或向后的拉力和缓和瞬间拉力的冲击。在实际作业中拖缆的位置会有所不同,主要取决于被拖艇缆绳系固位置和艇只的大小。

2. 吊拖

吊拖是指用救助艇拖带被拖艇艇首的一种牵引方式,是最为常用的拖带方式,如图5-23所示。如果水域开阔,吊拖是海上救助中最为安全的拖带方法。吊拖前,应首先确定被拖目标的最佳拖带点。救生艇上安装了首缆释放装置,但如果把它作为系固拖缆的装置或许强度不足,此时可将吊艇钩当作临时受力构件固定拖缆。在气胀式救生筏的浮胎上标示有特殊的加固位置,这是救生筏上唯一可以连接拖缆的地方。

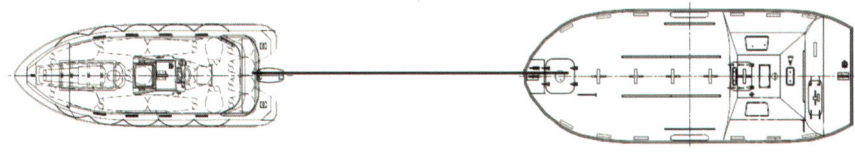

图 5-23 吊拖示意图

(1) 吊拖前的准备工作

拖带中两艇间应建立通信联系,商定出现紧急情况时解除拖带作业的方法;

要求被拖艇在拖带中应保持操舵,与对方商定适宜的拖带速度;

向母船报告情况和操作意图。

(2) 拖航程序

起拖时,救助艇应以慢速进车,待对拖缆受力确认无误后再逐渐加速。每次变速或变向操作都宜平缓稳定,且始终保持被拖艇在救助艇的艇尾方向。

送出拖缆的长度应足够,在以一定拖带速度航行时,应保持拖缆在水中有一定的悬垂度,有利于缓解和吸收加在拖缆和艇上属具的受力。

尽量保持拖带中的两艇同步起落以减轻拖缆受力,否则会导致同一时刻一艇被加速而另一艇被减速,这时会出现拖缆松弛,失去对被拖艇的控制,而随后又会出现拖缆被两头突然拉紧而受到过大的冲击拉力,易使拖缆绷断。通过调整拖缆的长度和改变航向,可以改善拖缆的受力情况。拖带作业如图 5-24 所示。

图 5-24 拖带作业

在拖带的过程中,被拖艇时常偏向一边或者两边来回偏荡。偏荡会对甲板上的属具和艇体结构形成额外的应力而损坏艇体,过大的偏荡还可能使艇倾覆,因此,必须设法尽可能抵消或减小偏荡,这些方法包括:

①降低拖带速度;

②增加或缩短拖缆的长度;

③调整拖带艇的纵倾;

④由被拖艇的艇尾施放海锚;

⑤指定拖带瞭望人员监视拖带情况,发现任何异常情况时应立即报告艇长。

(3) 拖带速度

确定拖带速度时,应考虑被救艇和艇员的安全,并注意下面的一些因素,如有怀疑,则应减速。影响拖带速度的因素如下：

①艇体的类型；

②水线的长度；

③艇和其属具的状况；

④救助艇的限制；

⑤天气状况；

⑥海流或潮汐状况；

⑦位置、交通密度等。

在设计方面,允许快速救助艇以较高的速度进行拖带作业,但制约的因素有:救助艇的艇重、发动机功率和被拖艇的重量。如果拖带点较低,且靠近艇首尾线,则快速救助艇允许以较高的拖带速度进入滑行状态。不过,需要注意救生筏在满载额定乘员和属具的情况下被设计为在静水中仅能以 3 kn 航速拖带,此外不利天气、海况和众多不确定因素会使这种拖带非常危险,任何时候都应保证人员和财产安全。

3. 拖带方式的转换

在拖带中,经常采用开始的拖带方式为吊拖,在接近母船或进港前改为旁拖的方式。因为在旁拖中,救助艇更易于控制被拖艇。可通过缩短拖缆使拖带方式由吊拖转换为旁拖,其步骤为:

缩短拖缆长度之前,应及时通知被拖带艇艇员:救助艇的意图,希望对方在作业期间所做的工作。

向艇员说明作业程序。

此项作业应选择在有足够操纵水域且远离交通繁忙区域进行,同时还必须注意流向、流速和周围的危险物。

应逐渐减速,并随时观察拖缆的情况。突然减速容易使两艘艇快速靠近,形成追越或者碰撞局面而出现危险。

收紧松弛的拖缆,将被拖艇带到救助艇旁或者令被拖艇送出拖缆,操纵救助艇直接靠上被拖艇。

对于小型艇,救助艇也可以一直采用吊拖方式将其拖进港内,或者先缩短拖缆,然后把拖缆交给岸上人员将小艇系岸。

第六章
快速救助艇的维护和保养

第一节
快速救助艇的检查和保养

一、快速救助艇维护和保养的一般方法

1. 妥善保养快速救助艇

(1) 检查推进器的螺母和销子;
(2) 检查是否漏水或漏油;
(3) 确保舱底清洁、干燥;
(4) 检查操控装置是否牢固;
(5) 检查各种接线是否正常;
(6) 检查并清洁燃油滤器;
(7) 清洁冷却系统管路;
(8) 若发现应急启动拉索磨损,应予以更换。

2. 给蓄电池充电

(1) 应定期检查普通蓄电池的液位,适时添加蒸馏水,并使用比重计进行测量;
(2) 给蓄电池充电,但不得充电过度;
(3) 蓄电池的接线端、电缆线和外壳应保持清洁;
(4) 测试所有需要蓄电池供电的设备、器材,如甚高频无线电话、航行灯等。

3. 确保有足够的燃油

(1) 确保油箱内有足够的燃油;
(2) 若长时间没有使用油箱内的燃油,应予以更换;
(3) 检查燃油管路、手动输油泵及其连接处是否有裂缝、渗漏等;
(4) 检查燃油箱,查看是否有裂缝或受到腐蚀。

二、艇内机的维护和保养

定期保养和维修安装在艇内的发动机和机器处所,这些处所必须保持整洁。任何松

动的部件或工具均可能引起火灾,或者在恶劣天气时引发故障。若操纵的是艇内机驱动的快速救助艇,在启动前应仔细检查这些区域。应特别留意艇内机传动轴穿过艇体的部位——填料函,填料函是一个薄弱环节,因损坏、缺乏润滑或冷却均可能造成严重后果。

1. 燃油系统

油气易燃易爆,使用机器时,若闻到油味应引起警觉,注意查看。启动发动机之前必须通风良好,应仔细检查机器的燃油管线有无异常现象。

(1)混入水

船用燃油系统容易混入水,因此,必须装备滤器和油水分离装置。如果油水分离器内含有水,应按照用户手册推荐的步骤清除。

(2)柴油

柴油系统会受到许多不同形式的污染,因此必须定期检查更换滤器,按照用户手册要求的步骤清洁燃油系统滤器。

2. 点火系统

汽油机平稳运行离不开清洁的火花塞。为保证发动机正常运转,应定期观察火花塞是否有油污、水汽,进行必要的清洁,保持火花塞正确的间隙,按照制造商推荐的期限更换火花塞。

3. 润滑油

清洁的润滑油意味着机器具有更长的使用寿命。必须定期检查并按期更换润滑油,更换润滑油时必须同时更换滑油滤器。

4. 冷却系统

(1)开式冷却系统

检查艇体进水口是否有障碍物,管路是否有泄漏及腐蚀情况,排水口是否有足够的循环水。

若该系统没有循环水,这通常是气阻或进水口堵塞的结果,应及时排除故障。如果不是这些问题,应仔细查看用户手册。

(2)闭式冷却系统

闭式冷却系统设有类似汽车散热器的热交换器,必须定期检查冷却系统所有连接部分。有些艇内机的水冷却系统需要定期冲洗。如果艇上备有淡水,当更换冷却水时,还可以检查防冻液的液位。

三、舷外机维护和保养

舷外机的推进装置具有推进效率较高,安全可靠,并可以在几分钟内拆开和重装,使用方便等特点。为保证工作可靠,舷外机仍然需要定期养护和维修。

必须根据季节变换和不同的使用环境维修保养舷外机。在检查舷外机时,可以进行下列保养工作:

1. 燃油

新型舷外机装有喷油系统,实际是在化油器内形成混合油,为独立的贮油器提供燃油,并通过可变油泵直接喷射。在形成混合油气之前,必须首先滤掉燃油中的渣滓和水分。有时,发动机滤器很容易混入水分而使机器运转异常。发动机外面独立的过滤装置可以有效减少水分的渗入和影响,但必须严格按照制造商的建议检查和更换燃油滤器。

2. 润滑油

二冲程舷外机使用润滑油与燃油混合在一起的混合油,润滑油直接润滑气缸,因此,务必使用制造商推荐等级的润滑油。

3. 检查电气系统

在海上潮湿、含有盐分的环境中,使用电气设备会增加许多保养工作量。必须留意电气连线,因为它们锈蚀后会造成故障和短路。大多数小型艇的电气系统并不复杂。它们包括蓄电池、机器充电装置等。

维护蓄电池或修理发动机,应在发动机停止工作后进行。检修时,要小心辨别正极和负极导线和接线柱。如果错误地将蓄电池导线接上蓄电池,即使是短暂的时间,发动机的充电系统也会遭到损坏。接线时,应在蓄电池正极接线柱上放上动垫圈,把红色蓄电池导线放在垫圈上,用扳手将六角螺母拧紧。按同样方法,把黑色导线接在负极接线柱上。如果把两根蓄电池导线从蓄电池拆离,首先要拆除黑色导线。不要使金属物品触及蓄电池接线柱。

维护蓄电池主要是检查及清理蓄电池连线和蓄电池的表面。在连接处涂上防腐蚀剂,干的防腐蚀剂膜不会过热或溶化,效果非常好。添加电解液,使电池液位在规定的位置。最后,为蓄电池充电。蓄电池必须遮盖,固定在通风良好的地方,以防止起火或发生爆炸。延长蓄电池使用寿命的五个维护原则:

(1)防止过度放电;

(2)保持空气循环;

(3)维护电解液;

(4)避免过度充电;

(5)保持蓄电池及其终端清洁。

四、冲洗快速救助艇

快速救助艇在海水或者浑浊水域航行后,应使用清洁的淡水冲洗舷外机壳体,并冲洗冷却水管路,以便清除泥浆、盐分、海藻等杂物,这些物质会使管路堵塞或腐蚀,从而缩短发动机的寿命。发动机经冲洗后,应用干布擦干艇机壳体,晾干后涂上一层汽车蜡。对于采用喷泵推进的救助艇,应定期清洗喷泵,清理掉可能积聚的盐和杂质,从而减少由驾驶环境引起的腐蚀。每次将喷泵拖出水面时,最好使用淡水清洗。

发动机冷却水管路清洗方法主要有两种:

①利用水箱清洗冷却水管路

把舷外机放到水箱上,将淡水注入水箱内,使水位高于阻气板。将舷外机置于空挡,启动发动机,做几分钟低速运转。

②利用水洗管接头清洗冷却水管路

将水洗管接头安装在发动机机壳下面的进水口,并用专用橡皮套包住进水口,如图6-1所示。必须在进水口前面安装此附件。用软管连接水洗管接头和水龙头,换挡至空挡,并且在供水时启动发动机,然后低速运转几分钟。

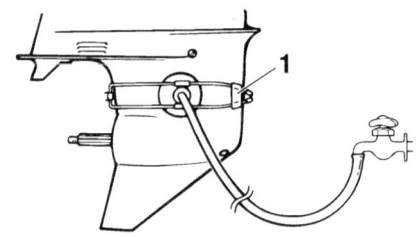

图 6-1 利用水洗管接头清洗冷却管路
1—水洗管接头

五、维护控制系统

控制系统包括操舵、调速齿轮和转换齿轮等,这些都需要经常维护保养。

1. 根据用户手册的指导,对控制系统中可能需要加油的设备,如推拉索等进行必要的维护。

2. 检查所有控制器件和电缆,测试其操作是否平稳和高效,更换任何损坏或磨损的电缆。

3. 控制台的维护

(1)检查

每天或在恶劣天气使用艇之后,应进行下列检查:

视觉检查控制台的连接处和手柄是否有开裂、螺栓和螺母出现松动的现象,座位是否移位。查找划破或毁坏的泡沫材料。

确保螺栓将控制台牢牢固定在甲板上。

(2)维护要点

所有电子设备应牢固地安装在存放架上,但固定螺栓不要过紧;

用海绵吸收电子设备表面的水分,保持操控台整洁干燥;

开启控制台盖板时,应将其固定好,防止遇到强风或直升机在附近作业时把盖板掀起;

应固定控制台上存放的物件,使其不能随意滚动;

电缆布局应整齐规范,连接可靠;

保持扣件和开口紧密;

注意查看龟裂情况,不用时控制台应加盖罩子;

雷达和电台等设备应避免接触水汽。

每天或在恶劣天气使用艇之后,应进行下列维护:

将螺母和螺栓适度拧紧,常见的问题是收紧过度或损坏螺丝头;

用热水和中性肥皂冲洗聚碳酸酯上的盐分,然后用软布擦干;

用淡水和中性肥皂清除探照灯上的盐分,平时应盖上探照灯插座上的盖子。

第二节 快速救助艇发动机的维护和保养

对艇机进行定期维护和保养不但可以保证快速救助艇处于随时可用状态,而且也可以延长艇机及相关设备的使用寿命。因此,艇员必须严格按照制造商的要求维护和保养艇机。本节主要以舷外机为例介绍这种发动机维护的基本方法。

一、日常检查和维护

舷外机的日常检查工作,主要包括如下几项(如图6-2所示):

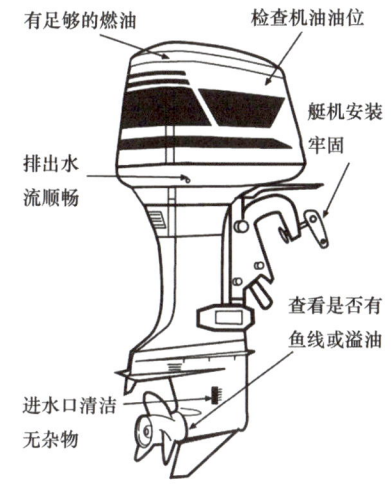

图6-2 舷外机日常检查项目

1. 若发动机装设了机油油箱,应检查油箱是否有足够的机油,根据需要及时添加机油。若发动机为四冲程机,应检查曲轴箱内机油,根据需要及时添加机油。查看用户手册确认在检查油位时,是否需要将油尺旋紧,因为错误的读数会导致加装在曲轴箱内的机油过量或不足而出现严重问题。

2. 检查油箱是否有足够的燃油,启动艇机前应打开油箱的透气孔。

3. 在翘起舷外机后,检查螺旋桨附近是否存在油迹。若发现大量油迹,则表明舷外机底部的齿轮箱油封可能损坏,应尽快将舷外机交送至专业维修店修理,以免损坏贵重的齿轮部件。

4. 查看螺旋桨周围是否缠绕鱼线。不可小视这些鱼线,若不理会这些鱼线,螺旋桨轴就会被紧紧缠住而造成齿轮箱油封损坏。

5. 若舷外机不是用螺栓固定在艇尾板上的,应保证舷外机在艇尾板上夹紧并固定好。

6. 若发现漏油,应立即处理。

7. 舷外机启动以后,应检查是否有冷却水排出,以便确认水泵工作是否正常。

若上述检查项目均正常,则舷外机处于随时可用状态。

二、舷外机月度检查维护

除日常检查外,在月度检查中,应重点检查下列各项(如图 6-3 所示):

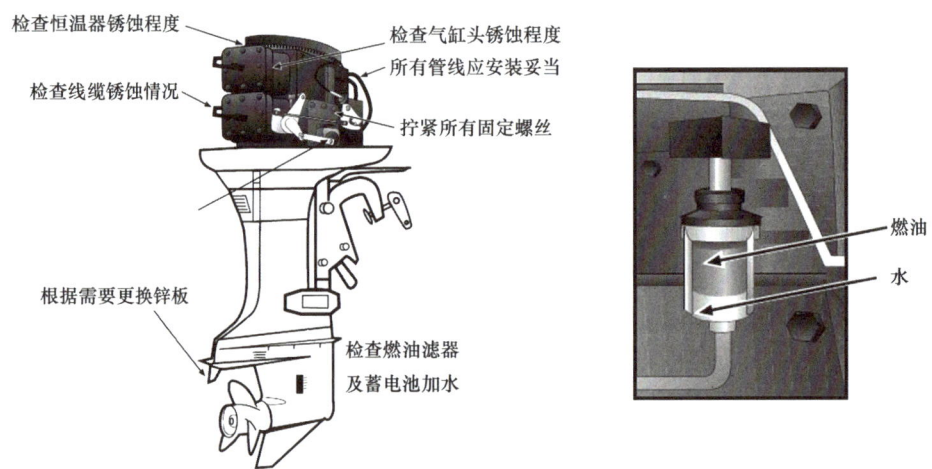

图 6-3　舷外机月度检查项目

1. 打开舷外机顶罩,检查气缸头和恒温室周围的锈蚀情况。另外,应检查电缆接头的锈蚀情况,按要求给予维修和加固。对暴露的电缆接头和舷外机未涂油漆的金属部件喷洒专用防锈水。

2. 应保证风门及离合控制手柄操作平稳顺畅,按要求给予润滑。

3. 盖好顶罩,查看动力源组件上的安装螺丝是否收紧。

4. 查看各种管线,应确保其连接正确无误,并把它们夹紧固定好。

5. 若舷外机内装设了燃油滤器,应查看燃油滤器内是否有水。水的比重较大,水与燃油分离后会沉降到滤器的下面,因此从颜色上很容易将水与滤器上层的燃油或机油区分开来。如发现滤器有水,应拆下滤器除水。清理滤网,放好 O 形密封圈,重新装上燃油滤器。滤器安装完毕后应检查是否有漏油现象。只要利用手动输油泵将油输送到燃油滤器,就可以查看燃油是否渗漏。

6. 检查安装在舷外机上的牺牲阳极——锌块的状况,根据情况予以更换。

多数舷外机是采取牺牲阳极的方法防止锈蚀的。应定期检查发动机机体表面阳极,对于大型艇机,还应查看舷外机固定托架底部的锌块。螺旋桨后面可能有一个用锌制成的航向调整片或一个小型锌制的防涡凹挡板。除去阳极表面上的氧化皮,否则阳极不能充分发挥保护舷外机的作用;另外,阳极表面还不得涂漆,否则会使阳极失效。当阳极块(板)腐蚀量超过原尺寸一半时应予以更换。在有些地方阳极的腐蚀速度非常快,一旦锌被完全腐蚀掉,海水就会直接腐蚀机体。

7. 检查蓄电池的连接情况及电解液面是否符合要求。

应确保蓄电池接线柱和电缆连接正确牢固。每月至少检查蓄电池电解液面,应始终保持电解液面在规定的范围内。如果不足,可以添加蒸馏水,但不可以直接添加普通自来水。

三、季度及年度检查

相对日常检查维护而言,发动机季度及年度检查较为复杂,而且有些操作只能由发动机制造商或其代表来完成。

1. 向各加油点加注润滑剂

按照舷外机制造商的指导对舷外机指定部位的所有加油点加注干净的润滑油脂。注入的新润滑油会挤出旧的油脂和水分。这是一项脏活,要用抹布擦拭注油点附近出现的油脂。舷外机常见的加油点,如图6-4所示。

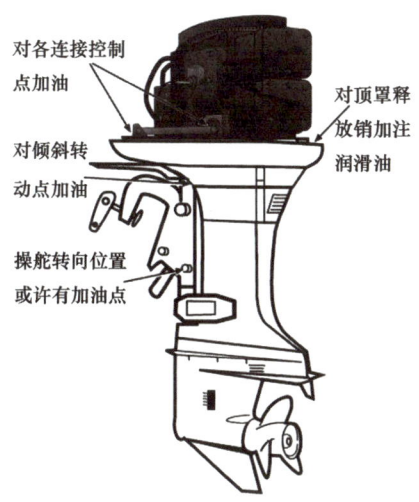

图 6-4 舷外机常见的加油点

（1）转向油

每天检查转向油,每年应更换转向油;

检查舵轮附近的转向泵,并向其加油孔添注转向油;

应能在加油孔处看到转向油,按操舵泵制造商说明书的要求,正确添加转向油。加入了错误的转向油,会造成舵轮发涩而转动困难,还可破坏转向泵的O形圈而影响其密封性能。

（2）油脂

按照用户手册的说明查找发动机上所有需要润滑的加油点。利用快速参照表及润滑细目加注润滑剂,不要遗漏任何一处加油点。

①加油点

舷外机上很多位置需要经常加注润滑剂,如图6-5所示。应按照说明书在规定的期限内对发动机的加油点加注专用润滑剂。主要的加油点包括:

发动机顶罩锁栓;

倾斜球端;

旋转托架和倾斜支撑锁杆;

倾斜管;

遥控软轴、运动部件和枢轴位置;

螺旋桨轴。

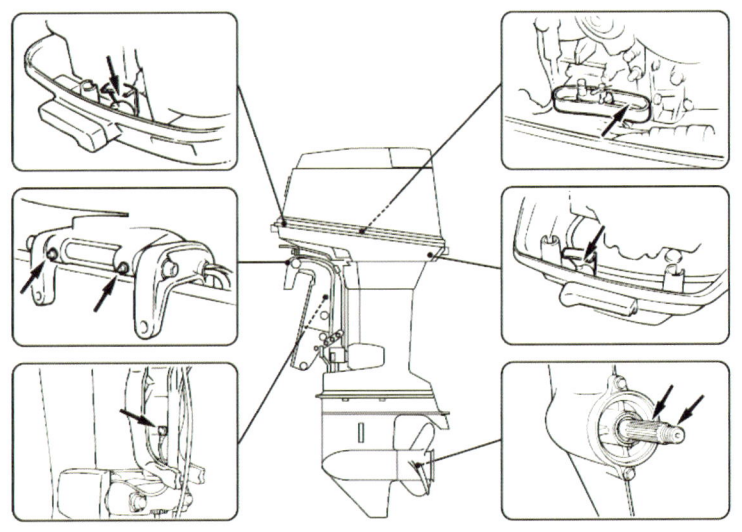

图 6-5 舷外机润滑油加油点

②加注润滑剂的原则

按需要给各加油点加注润滑油,应记住:

首先清洁加油位置;

不要加油过量;

擦去多余的油脂或润滑油。

(3)动力倾斜液

升起发动机,并用倾斜支撑锁杆锁住;

打开注液盖检查液位,发动机在最大倾斜位置时,液位应与注液口下端持平;

查看滤器洁净状况;

装上注液盖。

第三节

快速救助艇发动机常见故障及应急处理

一、发动机常见故障及原因

1. 启动机不能启动发动机

故障原因:

(1)启动机保险丝烧断。

(2)舷外机操纵盒挡位未拨到空挡。

(3)蓄电池电力不足,或者电启动线路松动造成接触不良。

(4)点火钥匙开关有问题。

(5)其他电气线路连接有故障。

(6)启动机或启动线圈有问题。

2. 舷外机发动机不能启动
故障原因：

(1)紧急熄火绳开关不在运行位置(即"RUN"位置)。

(2)启动程序不正确。

(3)汽油质量不过关。

(4)舷外机发动机进水。

(5)火花塞过脏或损坏。

(6)点火系统部件损坏。

(7)燃油系统有问题,可能原因有:燃油箱无油;燃油箱通气器未开或阻塞;燃油管脱开或扭结;忘记挤压启动注油用的橡皮球;启动注油用的橡皮球的止回阀有问题;燃油滤器阻塞;燃油泵有故障;燃油箱滤器阻塞。

3. 舷外机发动机运行不稳定
故障原因：

(1)火花塞过脏或损坏。

(2)舷外机装配调节不当。

(3)燃油进入发动机受阻,可能原因有:燃油滤清器阻塞;燃油管脱开或扭结;燃油箱滤器阻塞;防虹吸阀门被卡住;燃油泵故障;点火系统部件故障。

4. 舷外机发动机功率不足
故障原因：

(1)油门未开足。

(2)螺旋桨损坏或尺寸不当。

(3)发动机定时不准,装配调节不当。

(4)艇上负载分布不当。

5. 蓄电池不充电
故障原因：

(1)蓄电池连接线路松动造成接触不良。

(2)蓄电池电解液液面过低。

(3)蓄电池陈旧或效率不高。

(4)电器附件使用蓄电池过度。

(5)交流发电机、整流器及调压器有故障。

6. 舷外机转速低
舷外机转速只能达到 3 900~4 200 r/min,很难超过 4 500 r/min,发动机启动困难。

故障原因：

(1)电动燃油泵如果长时间不工作容易生锈。

(2)使用 100 h 后,很容易过热。

(3)汽油与机油的质量及燃油的配比不理想。

7. 起翘继电器烧毁

故障原因：

起翘继电器开关属于易损件，如果舷外机起翘到位后没有及时关闭，就容易烧毁起翘继电器。

8. 电压调节器容易烧坏

故障原因：

发动机启动时，瞬间电流过大，对舷外机电气部件有不利影响，电压调节器容易烧坏。

二、发动机落水的处理方法

舷外发动机在下列情况下可能落入水中：尾板夹紧螺丝松动，艇尾托架或尾板折断。

发动机落入水中，必须根据发动机当时的状态，即"发动机未运转"、"发动机正在运转"和"落入海水中"三种情况采取相应的步骤。若沙子进入发动机，在进行全面维修之前禁止启动发动机。如果没有立即捞起发动机，发动机已经浸入水中一段时间，是不能马上进行维修的。在进行维修之前，应将动力装置的顶部没入干净水中，以防止氧化。

1. 发动机未运转时，维修步骤如下：

(1)若可能，立即捞出发动机；

(2)打开发动机盖板，用干净的淡水冲洗发动机；

(3)断开火花塞导线，拆下火花塞；

(4)保持发动机与水面垂直，拉动启动手柄数次，然后再将发动机倒置，尽量排除发动机内的积水，经火花塞孔向每个气缸注入少量机油，拉动启动手柄数次使油分布均匀；

(5)拆下手启动部件和飞轮；

(6)用干净布擦干发电机，确保在两个断路器之间没有存水；

(7)排除化油器和燃油滤器内的积水；

(8)拆下化油器高速针，将燃油管连上发动机和油箱，挤压手动泵迫使混合油经燃油管，由高速针孔溢出；

(9)重新装配拆下来的部件，遵照启动说明，喷洒除水液。

(10)如果发动机无法启动，重新拆下火花塞，察看电极之间是否有水。吹干电极之间的水，重新安装或者更换一只新的火花塞。如果发动机还是无法启动，应立即维修。为减小损失，发动机被捞出 2~3 h 内必须启动或维修。

2. 若发动机运转时落入淡水中，维修步骤如下：

采取与发动机落水"发动机未运转"相同步骤。然而，若飞轮运转异常，则可能表明连接杆弯曲，不得启动发动机，必须立即维修。

3. 若发动机落入海水中，维修步骤如下：

采取与发动机落水"发动机未运转"相同步骤。然而，由于海水会造成发动机内部部件严重腐蚀，因此，即使可以启动发动机，也应尽快维修。

第四节 充气护舷的维护保养

一、充气护舷的检查

1. 检查方法

充气护舷的压力必须保持在 206～241 mb 的工作压力范围内。可选择下列方法检查和保持护舷的压力：

（1）第一种方法

使用压力表检测每个气室内的空气压力，每个气室的最低读数不得少于 140 mb；

如果气室压力过低，应使用脚踏式充气泵补气。

（2）第二种方法

打开充气阀阀盖（按逆时针方向转动 1/4 圈），确认充气阀膜片处于关闭位置（可通过按压中心轴使其按顺时针方向转动 1/4 圈）。

用专用的接头将脚踏泵充气管的端部插入充气阀。

用脚踏泵向气室内充气，直至安全阀抬起（206～241 mb）。如果没有配备安全阀，可直接向气室充气，直至感到护舷变硬为止。

装上充气阀阀盖，防止异物进入充气阀。

2. 充气护舷应保持良好状态

（1）每次应由艇首到艇尾方向依次对护舷表面进行全面的视觉检查；

（2）记录破损的气室，不允许气室出现突起、撕破、裂开、龟裂或者织物松散等现象；

（3）如有任何细小的破洞或磨损，应及时修补。

二、充气护舷的安装与固定

1. 充气护舷的安装与固定

（1）用胶连接

这是将护舷安装到刚性艇体上最常见的方法，如图 6-6 所示。因没有充气护舷和艇体相对运动形成的磨损，这种安装方法连结持久。充气护舷具体粘贴方法取决于艇体的设计和制造方法。

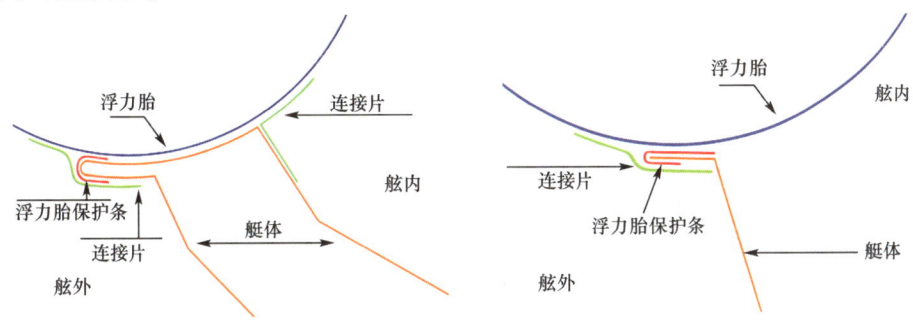

图 6-6 用胶连接充气护舷和艇体

（2）用机械方式连接

用机械方式（见图6-7）或螺丝安装充气护舷的方法主要用在需要移动或更换充气护舷的场合。充气护舷的特殊设计和生产，可保证即使不使用胶也可安装固定护舷，但在安装护舷前，艇体必须加装适当的固定装置。

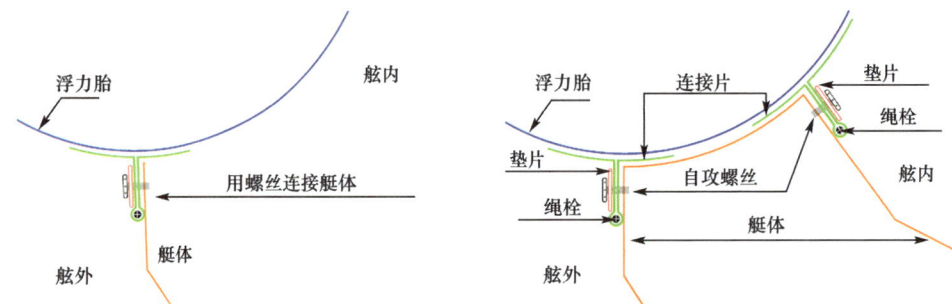

图6-7　用机械方式连接充气护舷和艇体

（3）用滑动方式连接

这是一种把护舷上的绳栓装到艇体滑槽内的安装固定护舷的方法（见图6-8），主要用于需要频繁移动或更换充气护舷的场合。充气护舷的特殊设计和生产，可保证即使不使用胶也可安装固定充气护舷，但在安装充气护舷前，艇体必须加装适当的固定装置。

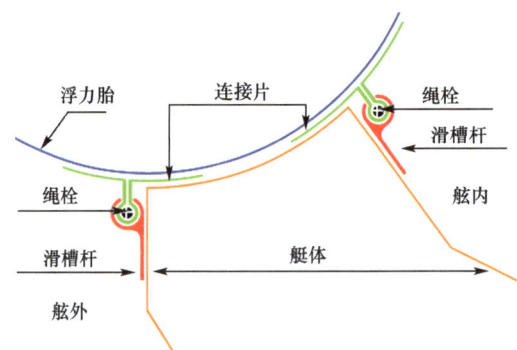

图6-8　用滑动方式连接充气护舷和艇体

2. 充气护舷的拆卸与安装

充气护舷的拆卸与安装方法主要取决于充气护舷与艇体间的连接方式。下面简单介绍五种拆卸与安装充气护舷的方法，在操作时，应选择适合本船救助艇的拆装方法。

（1）第一种方法：适用于充气护舷全部为螺栓连接的情况

①拆卸充气护舷

将充气护舷放气，从刚性艇体上卸下连接片、燃油管、充气管和艇首缆；

卸下固定板上的螺栓，记录每个固定板的位置和方向；

从艇缘上移开充气护舷；

在艇前方找块干净的地方，确认没有能损坏充气护舷的尖锐物体；

由艇首卸下充气护舷。

②安装充气护舷

确认艇前方及周围区域没有能损坏充气护舷的尖锐物体。

在艇前方摆放充气护舷。

给充气护舷充气达到工作压力(137~241 mb)。

去除艇缘和充气护舷上的密封剂。

将充气护舷放到艇上,使其能安装到艇尾板上。若充气护舷太短,应向充气护舷充气至 275 mb,随时检查充气护舷直至达到合适的长度。若充气护舷太长,可降低压力至充气护舷达到合适的长度。

移开充气护舷,给艇缘涂上密封剂,应使用 Sikaflex 241 或等效的聚氨酯密封剂。

将充气护舷安装到艇上,充气护舷的前端对准艇首的正中处并压紧。在艇尾板处捆绑好充气护舷使其就位,复查充气护舷的长度,根据情况予以调整。

安装艇首平板。

由前向后,左右舷最好同步安装平板。安装螺栓时充气护舷会慢慢地向艇尾方向移动,应注意观察和调整充气护舷的长度。

给艇尾板连结处涂上密封剂,在艇尾板的拐角处多涂一些密封剂。

安装艇尾板连接片。

清除多余的密封剂。

安装首缆、油管和充气管。

(2)第二种方法:舷内和舷外均用螺栓连接

①拆卸充气护舷

将充气护舷放气,从刚性艇体上卸下连结片、燃油管、充气管和艇首绳索;

卸下内外固定板上的螺栓,记录每个固定板的位置和方向;

在艇前方找块干净的地方,确认没有能损坏充气护舷的尖锐物件;

由艇首卸下充气护舷。

②安装充气护舷

确认艇前方及周围区域没有能损坏充气护舷的尖锐物件。

在艇前方摆放充气护舷,连接片面向下。

给充气护舷充气达到工作压力(137~241 mb)。

抬起充气护舷将其摆放就位,由前向后左右交替安装舷外的连接片。

将充气护舷放到艇上,使其能装到艇尾板上。若充气护舷太短,向充气护舷充气至 275 mb,随时检查充气护舷直至达到合适的长度。若充气护舷太长,可降低压力至充气护舷达到合适的长度。

继续装完舷外的连接片。

由艇首开始,左右交替安装舷内连拉片。

安装艇尾板处连结片,调节收紧。

安装首缆、油管和充气管。

(3)第三种方法:舷内为螺栓连接,舷外为滑动连接

①拆卸充气护舷

将充气护舷放气,从刚性艇体上卸下艇尾连结片、燃油管、充气管和艇首绳索;

卸下内外固定板上的螺栓,记录每个固定板的位置和方向;

取下充气护舷上的连接件;

确认艇前方及周围区域没有能损坏充气护舷的尖锐物件;

由艇首卸下充气护舷。

②安装充气护舷

确认艇前方及周围区域没有能损坏充气护舷的尖锐物件；

在艇前方摆放充气护舷；

给充气护舷外缘和艇体滑槽涂上肥皂；

将充气护舷上连接件滑入艇体上的滑槽，给充气护舷充气达到工作压力（137～241 mb）；

装上充气护舷的保护条；

拧紧后面的连接片；

由前向后，最好同时安装左舷和右舷连结片。安装螺栓时充气护舷会慢慢移向艇尾，应注意观察和调整充气护舷的长度。

安装首缆、油管和充气管。

(4) 第四种方法：充气护舷内外均为滑动连接方式

①拆卸充气护舷

将充气护舷放气，从刚性艇体上卸下艇尾连接片、燃油管、充气管和艇首绳索；

取下充气护舷上的连接件；

确认艇前方没有能损坏充气护舷的尖锐物件；

由艇首卸下充气护舷。

②安装充气护舷

确认艇前方及周围区域没有能损坏充气护舷的尖锐物件；

在艇前方摆放浮力胎；

给充气护舷外缘和艇体滑槽涂上肥皂；

将充气护舷连接件滑入艇体滑槽，给充气护舷充气达到工作压力（137～241 mb）；

装上充气护舷的保护条；

拧紧后面的连接片；

安装首缆、油管和充气管。

(5) 第五种方法：舷外滑动连接方式

①拆卸充气护舷

将充气护舷放气，从刚性艇体上卸下艇尾连接片、燃油管、充气管和艇首绳索；

取下浮力胎上的连接件；

确认艇前方没有能损坏浮力胎的尖锐物件；

由艇首卸下浮力胎。

②安装充气护舷

确认艇前方及周围区域没有能损坏充气护舷的尖锐物件。

在艇前方摆放充气护舷。

给充气护舷外缘和艇体滑槽涂上肥皂。

将充气护舷连接件滑入艇体滑槽，确保充气护舷居中。给充气护舷充气达到工作压力（137～241 mb），若充气护舷太短，可向充气护舷充气至 275 mb，随时检查充气护舷直至达到合适的长度。若充气护舷太长，可降低压力至充气护舷达到合适的长度。

装上充气护舷的铝制保护条。

安装首缆、油管和充气管。

3. 检查充气护舷的固定状况

为有效地完成检查工作,需要两个人员参与,相互配合。一个人负责艇内,另外一个人负责艇外。

(1) 由艇首开始,分别自左、右两舷仔细检查所有充气护舷连接件的牢固程度;

(2) 如有松动的,应将它们拧紧,若一周后,发现该部件再次松动,应更换新的尼龙螺母;

(3) 视觉检查尼龙垫片的状况,保证它们没有丢失或扭曲变形;

(4) 视觉检查连接螺丝的状况,如有严重锈蚀或凹痕的,应予以更换;

(5) 发现任何连接螺丝的螺纹磨损,应通知大副或艇长;

(6) 检查玻璃纤维是否出现断裂现象,特别在螺母周围。一经发现应通知大副或艇长。

注意:充气护舷连接件最常见的问题是连结螺丝拧得过紧,多数快速艇使用铜质插件,非常容易损坏螺纹。连接螺丝容易从玻璃纤维中脱出,因此应采用尺寸大一些的连接螺丝。

三、对充气护舷的维护要求

若要刚性艇体充气式快速救助艇正常工作,应对其进行连续的维护保养。整洁和光亮的外表固然很好,但没有适当的压力和抗氧化保护措施,充气护舷不可能经久耐用。

1. 保持充气护舷的压力

(1) 适宜的压力

保持充气护舷坚硬的压力是:137~241 mb;

温度和高度的改变将影响充气护舷内的压力。

(2) 充气过度

充气过度可能造成充气护舷破损或爆胎。

(3) 充气不足

充气不足的快速救助艇将加剧充气护舷的磨损,影响快速救助艇的操纵;

可能严重削弱快速救助艇保持航向的能力;

充气不足的护舷更易弯曲变形,一旦弯曲程度超过护舷表面的允许范围,就会使纤维织物结构分层,无法保持护舷的内压,使浮力减小;

可造成艇体损坏,例如艇首部位的曲折会挤压充气护舷的连接螺丝;

会造成护舷锥形部分过度磨损而失效。

2. 保持充气护舷干净整洁

用中性肥皂水清洗护舷;

不要使用高压水冲洗护舷;

不要使用任何含有硅酮成分的制品清洗护舷或给护舷打蜡,因为硅酮会给随后的修补工作带来困难;

清洁修补过的部位,更要仔细查看,并按相关技术手册的说明操作;

护舷的清洁工作应在阴凉场所进行,应远离阳光直晒;

彻底冲洗护舷,确保去掉所有清洁剂,否则这些残余物会在充气护舷上落下白色的斑痕;

待护舷清洁干燥以后,涂上一层上光剂或 303 保护剂;

如果护舷清洁,于 24~48 h 内涂上第二层保护剂;

注意清洁护舷与甲板相连的部位,因为这里容易积聚灰尘污物。

四、应急修补

应急修补是指当充气护舷出现穿孔现象时,立即在水中采取的行动。小的孔洞可以利用修理工具箱内的堵漏塞或堵漏夹紧急处理。

1. 使用堵漏塞堵漏（如图 6-9 所示）

（1）将锥形橡胶堵漏塞旋进破洞至气体停止泄漏为止;

（2）用脚踏泵向护舷充气,注意:过量充气可能造成堵漏塞堵漏失败;

（3）将护舷损坏情况记录在救助艇日志上,注明损坏的原因和位置,以便后期续补。

图 6-9 堵漏塞堵漏

2. 使用堵漏夹堵漏（如图 6-10 所示）

（1）为防止堵漏夹遗失,应将堵漏夹上的绳环套在手腕上。

（2）将堵漏夹沾上水,使其表面光滑容易插入。

（3）将堵漏夹的底板推入小孔内。

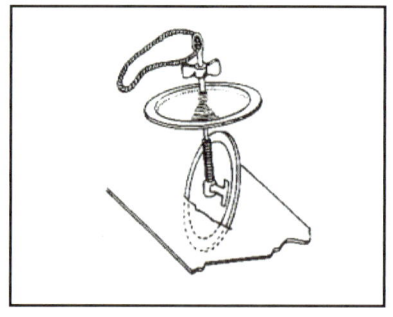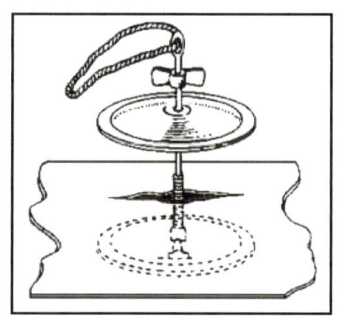

图 6-10 堵漏夹的使用方法

注意:如果孔洞太小,应小心地将其扩大,压入堵漏夹。

（4）拉动堵漏夹的底板紧贴护舷的内表面,然后把堵漏夹的面板放在它的上面。

（5）调整堵漏夹的位置使其完全覆盖孔洞；
（6）保持堵漏夹的位置并向下旋转螺丝，收紧堵漏夹；
（7）解开绳子。

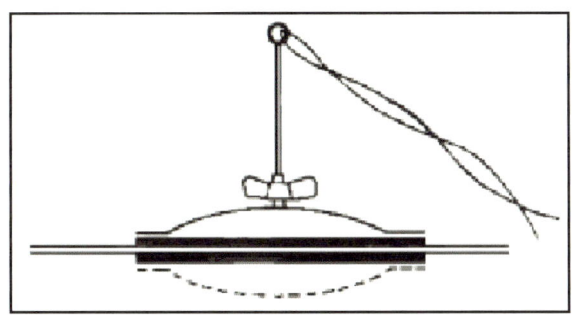

图 6-11　堵漏夹堵漏

五、永久修补

发现充气护舷破损，或者护舷的压力在 24 h 内无法保持在规定的范围内时，艇员应使用工具箱的器材进行永久修补。因缺乏维修经验和专用的修补工具，艇员在实施永久修补的过程中存在一定困难。修补工作应尽量在干燥、通风良好的地方进行。使用胶水时，环境温度应控制在 13～23 ℃ 范围之内。为此，可以将修理工作安排在有临时遮蔽、能相对保温的地方完成。必要时，使用局部加热设备。

1. 仔细检查充气护舷

若不能看到破损部位，应测试充气护舷的气密情况。若发现损坏处为孔洞或裂缝，应按照以下方法处理。对于非常严重的损坏情况，只能卸下护舷，送到专业服务中心修理。

2. 修补破损部位

对 50 mm 及以下的小孔，艇员很容易在现场做永久性修补；超过 50 mm 的孔洞，艇上人员可以做一些临时修补工作，但最终还是应该将破损的护舷送到专业店，进行永久性修补。

（1）准备工作

①用白色笔标出所有准备修补的区域，即沿小洞的边缘或裂缝向四周延伸 50 mm 所围成的区域。

②当有多个部位需要修补时，应给破损位置编号、做好标记和记录，如图 6-12 所示。

③先用清洁剂清洗需要修补的部位，再用干净的抹布将其擦干。

④用蘸有甲苯的抹布擦拭修补部位以除去油脂、汽油和氧化物。若抹布擦掉了原来涂上的白色标记，应再次用笔标示出该区域。

⑤溶剂挥发后，用工具袋内的打磨工具或者用装有 120 号细砂轮的角磨机打磨准备修补部位。使用角磨机时，应控制好压力，防止过度磨损护舷。

⑥打磨中不要切断、损坏护舷的内层结构。开始打磨时，纤维织物会出现磨痕，护舷打磨到表层发毛、开始出现灰尘即可。

⑦打磨后，擦拭或刷净打磨部位。

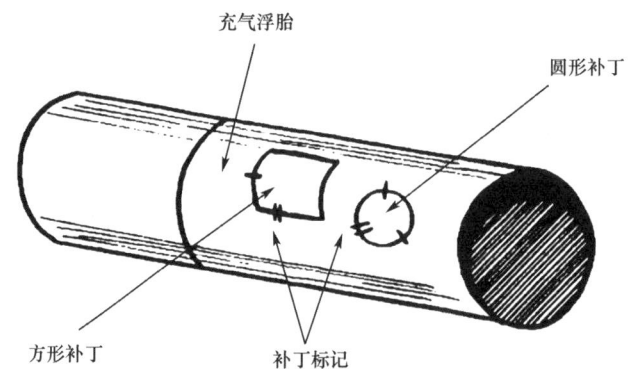

图 6-12　做补丁标记

（2）修补小洞或裂缝

在事先剪好的补丁中选出一块补丁，或直接从备用材料中剪出一块补丁。补丁应在各个方向上比破洞或裂缝大 50 mm。

将补丁放在破洞的上面，中心重叠。利用补丁作为护舷破洞的模板，在准备处理的护舷表面做上标记。然后，拿起补丁比对破洞或裂缝，检查位置是否准确。仔细观察护舷及补丁，查看二者织物纹络。将补丁粘贴到护舷时，必须使补丁和护舷的纵横纹络一致，这样可以保证充气和使用时受力一致。用白色油性笔标示出补丁在护舷的位置。如果同时修补几处破损部位，将破洞或裂缝和与之对应的补丁编号，移开每块补丁。

准备涂胶。记住：在补丁上所做的一切，同样要在护舷对应位置再做一遍。涂胶前，应清洁补丁和护舷，除去各种灰尘、油和氧化物。清洁仅限于补丁和护舷上做过标记的位置。

打磨后用丁酮做最后一遍清洁，丁酮有助于除去油及其他污物，也有利于上胶。

用柔软的 1 英寸板刷或腻子刀取出胶水，在护舷做过标记部位和补丁上涂薄薄一层胶水，护舷做过标记部位的边缘同样应涂上少量胶水做测试之用。温度越高，胶水干得越快。相反，温度越低，干燥所需的时间越长。

在胶水尚未干透时，涂上第二遍胶水。若第一遍胶水纵向涂抹，第二遍胶水就应横向涂抹，以减少漏涂的机会。除测试部位外，应使所有胶水涂在标记部位内。

粘贴应选择在第二遍胶水未干透时进行，将补丁放在破洞之上并按标记位置对齐。当触摸胶水不再粘手时贴上补丁。注意：因没有第二次对准机会，只能一次成功。

将补丁和护舷置于平坦的表面。如可能，在粘贴补丁前将充气护舷充至 137 mb。使待粘贴的两个表面中心向外，首先粘贴和按下补丁中心部位，然后再向四周按压。

利用诸如铲子等圆边、硬的、平直的物品压平补丁，这种铲子可用金属、硬木或塑料制成，但必须能用手抓牢，使用它压平涂胶表面，排除其中可降低黏合力的空气，此时不要去掉多余的胶水。

24 h 后，用一块有皱褶的橡胶清理补丁周围的多余胶水，反复擦拭补丁的边缘，摩擦会加热多余的胶水使其粘到有皱褶的橡胶上。也可以使用蘸有溶剂的抹布除去多余的胶水，但注意过多的溶剂会削弱胶水的黏合力。

（3）修补大的破洞或裂缝

对于大于 50 mm 的破洞或裂缝，如果手头有足够的修补材料，可以使用内、外双层补丁进行修补,如图 6-13 所示。在修补前应先排除护舷内气体,进行各项检查工作。

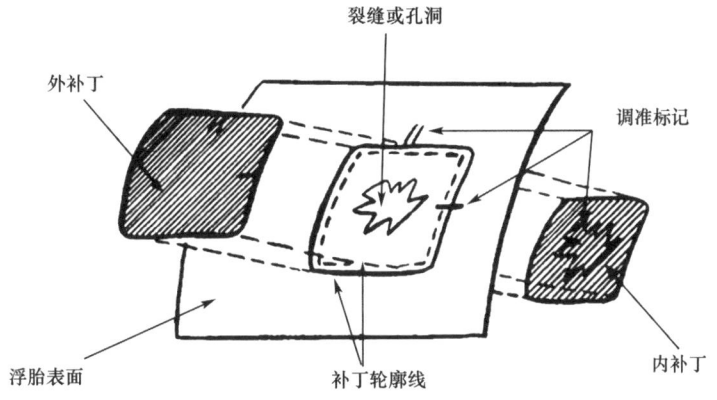

图 6-13　内、外补丁修补方法

修补长度为 100 mm 的裂缝必须有足够工作场所。裁剪一块在各个方向均比破洞或裂缝大 75~125 mm 的内补丁。

为使补丁在各个方向很好覆盖破损部位,将该补丁放到护舷的里面,用圆珠笔按破洞或裂缝的样子在补丁上画出其形状。

移开补丁,准备粘贴补丁和护舷。用砂纸打磨护舷的内表面。

在充气护舷和补丁上分别涂上胶水,将补丁放入破损处,并对齐标记处,先将破损处的一侧压向补丁,然后再压另外一侧。也可以使用铲子一起按压破口,压平破口赶出气泡。如果内补丁很大,可分两次给内补丁涂胶:首先涂刷内补丁一边,然后再涂另一边。

12 h 后方可进行气密试验。

如果护舷已经气密,剪裁一块外补丁覆盖修补部位。外补丁应在各个方向比已经粘好的内补丁大 25 mm,如果外补丁较大,可先从一边粘起,然后再粘补丁另一边。

然后,参照第(2)条修补小洞或裂缝的步骤修补即可。

六、充气护舷的充排气

借助专用管子和接头可由充/排气阀向护舷充气或给它排出气体。脚踏泵、压缩空气瓶或空压机等均可作为护舷的供气源。

1. 向装有充/排气阀的充气护舷充气

应由前向后,分别向左右舷每个气室充气:打开充/排气阀的阀盖,插入充气管开始充气,直至气室充胀成形(大约 69 mb);

继续左右交替向后面其他气室充气;

在所有气室达到半充满状态后返回艇首,重新向艇首气室充气,直至达到工作压力(206~241 mb);

继续由前向后将左右舷其余各气室充气,达到工作压力为止;

装上阀盖,封好阀口,防止污损充/排气阀。

2. 给装有充/排气阀的充气护舷排气

打开充/排气阀盖,按下阀中间的弹性轴,并按顺时针方向转动 1/4 圈将其锁定在"开启"的位置。需要时,也可使用脚踏泵或真空泵将气室内的气体全部排除。

待气室内所有气体排净后,按下阀中间的弹性轴,并逆时针转动 1/4 圈将其锁定在"关闭"的位置;

装好充/排气阀盖,以防污损;

重复上述步骤,释放其他气室内的气体。

3. 使用旁通阀

旁通阀可以使各个气室相通或者隔开,因此可在一个旁通阀的位置对整个充气护舷充气。尽管旁通阀有一定缓解压力的作用,但决不能把它当作泄压阀使用。通过手控管子和专用接头,旁通阀可以与任何气源连接,而利用脚踏泵、压缩空气瓶和空气压缩机均可向其提供气体。

(1)经由旁通阀向充气护舷充气

将所有旁通阀的手轮转至"充气"位置;

打开旁通阀盖;

将充气管的端部插入旁通阀,向充气护舷充气达到工作压力(137~241 mb)为止;

拔掉充气管,盖上旁通阀盖,封好旁通阀,以防污损;

将所有旁通阀手轮转到"航行"位置。

(2)通过旁通阀将充气护舷放气

将所有旁通阀的手轮转至"排气"位置;

取下所有旁通阀上的插件;

待气体释放完毕后,将所有旁通阀装上插件。若需要,也可使用脚踏泵或真空泵排空充气护舷内的气体。

4. 安全阀

事先设定好气室内的释放压力后,一旦空气达到该特定压力时,安全阀会自动工作释放气体,直至充气护舷的内压达到设定值为止。

参考文献

[1] 中华人民共和国海事局. 事故与应急. 北京:人民交通出版社,2006.
[2] IMO. 国际海上人命安全公约 综合文本 2004. 北京:人民交通出版社,2005.
[3] 中华人民共和国海事局. 训练手册. 2003.
[4] Oil & Gas UK. Emergency Response and Rescue Vessel Survey Guidelines May 2008.
[5] WS Atkins Consultants Ltd. Rough Weather Rescue. Offshore Technology Report 2001/089.
[6] IMO Model Course 1.24 Proficiency in Fast Rescue Boats 2000 Edition.
[7] 国际海事组织,国际民用航空组织. 国际航空和海上搜寻救助手册. 中华人民共和国海事局,译. 北京:人民交通出版社,2003.
[8] 赵连恩. 高性能船舶水动力原理与设计. 哈尔滨:哈尔滨工程大学出版社,2009.